Chuck Spezzano

Leben in emotionaler Freiheit

Verlag Via Nova

CHUCK
SPEZZANO

Leben in emotionaler Freiheit

Heilung von unbewussten
Hindernissen und Blockaden

vianova
Verlag Via Nova

Übersetzung aus dem Englischen:
Ulrike Kraemer

Originaltitel:
**Heaven on Earth –
The Path of Emotional Maturity, Volume III**

---

1. Taschenbuchauflage 2023
3. Auflage gesamt
Verlag Via Nova, Alte Landstr. 12, 36100 Petersberg
Telefon: (06 61) 6 29 73
Fax: (06 61) 96 79 560
E-Mail: info@verlag-vianova.de
Internet: www.verlag-vianova.de
Umschlaggestaltung: Guter Punkt, München
Satz: Sebastian Carl, Amerang
Verzierungen: © Milos Dizajn – shutterstock_150103664
Druck und Verarbeitung: C. H. Beck, 86720 Nördlingen

ISBN 978-3-86616-541-0

Widmung

Für Stacy und Mike Brooks

Danksagungen

Ohne ein Team kann kein Projekt erfolgreich verwirklicht werden, und ich habe ein sehr gutes Team.

Meine Schreibkraft ist sehr engagiert und gewissenhaft. Ich danke dir, Sunny Kukahiko.

Meine Lektoren leisten hervorragende Arbeit. Ich danke euch, Eric und Celia Taylor.

Meine Familie inspiriert und unterstützt mich. Ich danke euch, Lency, Christopher und J'aime.

Mein Team im Büro und zu Hause ist einfach großartig. Ich danke euch, Charlie Latiolais, Harrylne Katayama und Peter Lua.

Werner Vogel ist nicht nur mein geschätzter Herausgeber beim Verlag Via Nova, sondern auch ein wunderbarer Freund. Ich danke dir von ganzem Herzen.

Meine Anerkennung und mein Dank gebühren Daniel Ladinsky für seine bewegende Übersetzung der Gedichte islamischer Mystiker.

Nicht zuletzt gilt mein Dank *Ein Kurs in Wundern* für den hohen Stellenwert, den er in meinem Leben einnimmt. Ohne die Erkenntnisse und die Heilung, die ich aus diesem Buch empfangen habe, hätte ich selbst weit weniger Bücher geschrieben.

Inhalt

Einführung

Unsere Lebensqualität wird bestimmt durch das Maß an emotionaler Reife, das wir erlangt haben. Emotionale Reife verwandelt unseren Schmerz sowie den Unfrieden, den Emotionen erzeugen, in Frieden, der die Quelle von Freude, Fülle und Gesundheit ist. Du bist vielleicht besorgt über die Umweltverschmutzung, gleichzeitig aber blind für die emotionale Verschmutzung, die von dir selbst ausgeht. Die Dunkelheit und die Negativität, die Emotionen hervorrufen, können nicht nur dein eigenes Leben, sondern auch das Leben der Menschen in deiner Umgebung vergiften. Dies gilt für jede Emotion, in der du feststeckst. Die meisten Menschen glauben, dass sie für ihre Emotionen nicht verantwortlich sind und dass andere Menschen sie dazu bringen, sich verletzt, wütend oder schuldig zu fühlen, und demzufolge die Schuld daran tragen. Deine Emotionen sind jedoch deine Verantwortung. Sie werden durch deine Entscheidung hervorgerufen, und diese Entscheidung wird mitunter im Bruchteil einer Sekunde getroffen und dann verdrängt, mitunter aber auch unterbewusst getroffen. Um ein guter Partner zu sein und eine wunderbare Beziehung führen zu können, ist es von entscheidender Bedeutung, alles über deine Emotionen zu lernen. Deine emotionale Reife zeigt, in welchem Maße du bereit bist, eine erfolgreiche Partnerschaft einzugehen und ein erfolgreiches Leben zu führen. Deine Beziehungen bestimmen die Qualität deines Lebens, deiner Arbeit und deiner Gesundheit sowie der Nähe, von der dein Leben geprägt ist.

Emotionale Reife bedeutet, dass du Verantwortung für alles übernimmst, was in deinem Leben geschieht. Emotionale Reife macht dein Unterbewusstsein bewusst und gibt dir mehr Entscheidungsmöglichkeiten, größere Macht und ein höheres Maß an Liebesfähigkeit. Sie verwandelt die dunklen Geschichten deines Lebens in glückliche Geschichten. Sie verwandelt Forderungen in Zufriedenheit und Erfüllung. Sie verwandelt Kontrolle in Zuversicht und Rollen und Pflichten in authentisches Geben. Sie verwandelt Regeln in Prinzipien. Sie verwandelt Urteil, Verurteilung und Schuld in Mitgefühl, Verantwortung und Unschuld. Anstelle von Selbstkonzepten und ihrem Wunsch nach Besonderheit bringt sie Einfühlsamkeit, Erfolg und Nähe, weil sie die Verbundenheit stärkt. Emotionale Reife verwandelt tiefe Erschöpfung in Mühelosigkeit, Wahrheit und die Fähigkeit, dein ganzes Herz zu schenken und deshalb auch uneingeschränkt zu empfangen. Emotionale Reife verschreibt sich dem Gleichgewicht, der Ebenbürtigkeit und der Gegenseitigkeit. Die Folge sind glückliche Beziehungen, die deine Weiterentwicklung und deinen Lernprozess beschleunigen.

Emotionale Reife ist das, was dich zu einem erfolgreichen, liebevollen und zielstrebigen Menschen macht. Deshalb besteht das größte Geschenk, das du dir selbst und deinem Partner machen kannst, darin, dass du dich verpflichtest, alles darüber zu lernen und eine lebendige Verkörperung emotionaler Reife zu sein. Es macht euch beide authentisch, liebevoll und kreativ.

Die Gaben emotionaler Reife

1. In dem Maße, in dem du deine Emotionen transformierst, nutzt du sie für den Zweck, dem sie in Wahrheit dienen, nämlich als Hinweis auf das, was der Heilung bedarf.
2. Wenn du emotional gereift bist, dann weißt du, dass Glück in Wirklichkeit von innen her kommt.
3. Emotionale Reife öffnet dein Herz.
4. Emotionale Reife wertschätzt das Weibliche.
5. Emotionale Reife bringt dein Leben ins Gleichgewicht.
6. Emotionale Reife macht dich bereit für eine Partnerschaft.
7. Emotionale Reife lässt dich empfangen und genießen.
8. Emotionale Reife ermöglicht erfolgreichere Beziehungen.
9. Emotionale Reife stärkt deine Integrität und damit auch deine Fähigkeit, zu empfangen.
10. Emotionale Reife bringt dich von der Dramatik zur Kreativität.
11. Emotionale Reife segnet die Welt und insbesondere die Menschen in deiner Umgebung.
12. Emotionale Reife lässt dich attraktiv und natürlich sein, nicht angriffslustig, schwierig, kontrollsüchtig und launisch.
13. Emotionale Reife gibt dir die Möglichkeit, dich auf Verbundenheit anstelle von Besonderheit auszurichten.
14. Emotionale Reife gibt dir die Möglichkeit, dein Leben

zu gestalten, statt es mit emotionaler Dramatik zu vergeuden.

15. Emotionale Reife verbirgt Angst vor Nähe, Erfolg und deiner Lebensaufgabe nicht unter emotionaler Überspitzung.
16. Emotionale Reife bewirkt Kommunikation und baut Brücken, statt Angriff und Rückzug hervorzurufen.
17. Emotionale Reife macht dich beherzter und mitfühlender.
18. Emotionale Reife macht dich zu einem geöffneten Kanal, durch den Gnade strömen kann.
19. Emotionale Reife macht dich hilfsbereiter und offener dafür, selbst Hilfe zu empfangen.
20. Emotionale Reife bewirkt, dass du in höherem Maße gibst und empfängst, sodass du dich in geringerem Maße aufopferst.
21. Emotionale Reife verbessert deine emotionale und spirituelle Intelligenz.
22. Emotionale Reife lässt Fluss in deinem Leben entstehen.
23. Emotionale Reife sorgt dafür, dass du aufgeschlossen und im Herzen jung bleibst.
24. Emotionale Reife bringt Mühelosigkeit und Authentizität.
25. Emotionale Reife macht dich zu einem Menschen, auf den dein Partner und andere Menschen zählen können.
26. Emotionale Reife heißt Kommunikation als eine Möglichkeit willkommen, Brücken zu bauen.
27. Ein Mangel an emotionaler Reife schneidet uns vom höheren Bewusstsein ab.
28. Emotionale Reife heißt, dass wir unsere Angst vor und unseren Kampf gegen Gott aufgeben. Dann lassen wir die Liebe Gottes zu.

Lektion 1

Bei einem Kampf fühlen beide Seiten dasselbe

Bei meiner Arbeit mit Paaren, die in einen Kampf verstrickt waren, habe ich immer wieder festgestellt, dass beide Partner ein vollkommen entgegengesetztes Verhalten an den Tag legten. So spielte zum Beispiel ein Partner die unabhängige Rolle, während der andere Partner verletzt war und die abhängige Rolle spielte. Ich habe herausgefunden, dass, versteckt unter ihrem gegensätzlichen Verhalten, beide Partner in Wirklichkeit jedoch dasselbe fühlten. Sobald sie an dem Punkt angekommen waren, an dem sie diese Tatsache erkannten, gelangten sie zu einer ganz natürlichen Harmonie, und der Kampf war ebenso plötzlich zu Ende, wie er begonnen hatte. Der unabhängig-abhängige Partner im obigen Beispiel war so geworden, weil er in seiner abhängigen Phase selbst verletzt worden war. Weil er diese Verletzung nicht geheilt, sondern dissoziiert und kompensiert hatte, agierte sein Partner seine verborgene Seite aus.

Verstehen erzeugt Verbundenheit. Die Distanz schwindet, wenn beide Seiten erkennen, dass sie die gleiche Erfahrung machen. Dieser Punkt, an dem Einigung geschieht, ermöglicht beiden Seiten, den nächsten Schritt zu gehen und wieder zueinander zu finden.

Gegensätzliche Verhaltensweisen zeigen gegensätzliche Abwehrstrategien. Es sind die zwei Seiten einer Medaille. Um einen Kampf zu beenden, musst du den Punkt finden, an dem Übereinstimmung herrscht. Das verhindert, dass die Situation sich noch stärker rückläufig entwickelt, als sie es ohnehin schon getan hat. Werde dir bei einem Kampf deiner inneren Gefühle bewusst und finde heraus, ob dein Partner unter seinem Verhalten genau die gleichen Gefühle hegt. Wenn es dir gelingt, so auf deinen Partner einzugehen, als fühlte er die gleiche Emotion wie du selbst, dann hört die Feindseligkeit in dem Maße auf, in dem Verständnis und Harmonie in der Situation entstehen. Dies führt zu Partnerschaft und Fluss anstelle von Uneinigkeit und Kampf.

Lektion 2

Deine Emotionen zeigen dir, in was du investiert hast

Eine Emotion rührt von einer Verstimmung her. Eine Verstimmung bedeutet, dass jemand deine Regeln gebrochen hat. Regeln sind, wie das Sprichwort schon sagt, natürlich dazu da, gebrochen zu werden. Sie sind eine Abwehrstrategie, die Schwierigkeiten mit allen Menschen heraufbeschwört, die irgendeine Form von Autoritätskonflikt in sich tragen. Wenn dies geschieht, hast du die Möglichkeit, den verborgenen Schmerz zu heilen, den die Regel kompensiert hat und der nun erneut zutage tritt. Wenn er sich nicht sofort zeigt, führt die gebrochene Regel zu einem Machtkampf. Obwohl du nicht aus dem Grund aufgebracht bist, aus dem du es zu sein glaubst, weil dein Schmerz aus der Vergangenheit herrührt, neigst du dazu, nur auf die gebrochene Regel zu schauen, und du glaubst, der Schmerz rühre einzig aus der Gegenwart her. Alle Probleme und alle negativen Ereignisse verbergen jedoch eine alte Emotion, und jede ähnliche Emotion, die du noch nicht losgelassen hast, kann in Zusammenhang mit dem gegenwärtigen Ereignis zum Vorschein kommen. Die verborgene Emotion und der Abwehrmechanismus, der sie überdeckt, spalten dein Bewusstsein: Du fühlst dich unwürdig, und du greifst dich selbst an. Der Schmerz, den du empfindest, ist eine Form von Rückzug und Selbstangriff, die andere Formen von Angriff wie Klagen, Urteile, Aggression und Opfersituationen nach sich zieht.

Diese Emotionen werden von den Glaubenssätzen und Selbstkonzepten genährt, die zur gleichen Zeit wie dein ursprünglicher Schmerz entstanden sind. Wenn du genau hinschaust, erkennst du, dass deine Emotionen von Konzepten herrühren, bei denen es sich ausschließlich um Selbstkonzepte handelt. Wenn du dich zum Beispiel schlecht fühlst, dann glaubst du, dass ein Teil von dir schlecht ist. Wenn du verletzt bist, dann glaubst du, dass jemand durch sein Verhalten, das dir nicht gefällt, deine Regeln verletzt hat. Wenn du genau hinschaust, was sich unter jeder Emotion oder Angst verbirgt, dann kannst du die Glaubenssätze über dich selbst entdecken, die losgelassen werden müssen, damit du Ganzheit erlangen kannst.

Dein Schmerz und deine Emotionen zeigen dir, wo du Götzen in dir trägst, jene falschen Götter, von denen du glaubst, sie könnten dich glücklich machen. Emotionen weisen auf deine Glaubenssätze hin, und wenn es um das geht, was du glaubst, willst du immer Recht haben. Bei deinen Glaubenssätzen handelt es sich in Wirklichkeit um Selbstkonzepte, also um die Glaubenssätze, die du von dir selbst hast. Eine deiner größten Anhaftungen ist die Anhaftung an die Identität, die du für dich selbst geschaffen hast. Dies sind Investitionen, die dich vom Glück, von der Wahrheit, von der Liebe und vom Licht fernhalten. Es sind Investitionen, die dich um das betrügen, was wirklich wichtig ist. Eine Investition, die nicht von Liebe und Freude geprägt ist, arbeitet gegen dich.

Alles, was geschieht, ist entweder ein Ausdruck von Liebe,

oder es ist eine Emotion, die zeigt, wo du in dein Ego investiert hast, und die dich zurückhält. Du kannst sie anerkennen und loslassen. Alles, was hochkommt, ist also entweder gut, oder es ist gut, weil es in deinem eigenen Interesse liegt, den alten Schmerz und die alten Selbstkonzepte loszulassen. Sie errichten Mauern zwischen dir und allem, was du wertschätzt, und blockieren damit Nähe, Freude und Empfangen. Blicke dem Leben also freudig entgegen. Vertraue ihm in dem Wissen, dass alles gut ist. Glück und Freude am Leben sind sowohl wahr als auch gut, weil sie Teil deiner Lebensaufgabe sind. Ebenso wichtig ist es aber, Angst aufzulösen, Schuld loszulassen sowie deine Herzensbrüche und die Rache aufzugeben, die zu ihnen geführt und sie gleichzeitig auch noch verstärkt hat. Diese Einstellung bringt dir ein zunehmend höheres Maß an Ganzheit.

Das Tao entfaltet sich genau so, wie es vorgesehen ist. Es bietet dir zahlreiche Gelegenheiten, Heilung, Vergebung und Verstehen zu erlangen. Es gibt dir nicht nur deine Macht zurück, sondern schenkt dir auch ein höheres Maß an Liebe und Glück.

Lasse deine schlechte Investition los. Nutze Verstimmungen und Ärgernisse produktiv, denn Heilung gehört zu den wichtigsten Dingen, denen du nachgehen kannst, und sie bringt deinen Geist und die Welt zu einem immer höheren Maß an Frieden und Ganzheit.

Lektion 3

Deine Vergangenheit und die Vergangenheit deines Bruders gleichen sich

Die Vergangenheit ist eine Illusion, die nicht mehr existiert. Wenn wir ihre Segnungen nicht willkommen heißen, ist sie lediglich etwas, an das wir glauben, um unser gegenwärtiges Verhalten zu entschuldigen. Schuld ist das, was unsere Vergangenheit erschafft und uns in einer linearen Erfahrung der Zeit festhält, die versucht, der Gegenwart aus dem Weg zu gehen. Schuld soll die Unversehrtheit unseres Egos mit seinem Wunsch nach Trennung gewährleisten. Weil wir unsere Schuld jedoch nicht ertragen können, verbergen wir sie durch Verdrängung und Projektion, und wir projizieren sie auf die Welt und auf die Menschen in unserer Umgebung.

Unsere Mitmenschen sind der Spiegel, in dem wir uns selbst sehen. Einen Menschen im Hier und Jetzt zu sehen heißt, ihn ohne Projektion zu sehen. Einen Menschen im Hier und Jetzt anzusehen würde bedeuten, Christus oder Kuan Yin zu sehen. Anderenfalls sehen wir nur die Vergangenheit, die wir auf ihn projiziert haben, und das ist das Problem. Wir alle leben in einer Welt, die glaubt, was sie sieht. Wir glauben an eine getrennte Welt. Wir sehen nicht, was wirklich ist. Wir träumen einen Traum. Wir sind eine holographische Figur in einem gigantischen Videospiel, in dem das wirkliche Ziel nicht darin besteht, das Spiel zu gewinnen, sondern darin, das Spiel zu verlassen. Unschuld ist eine Möglichkeit, dieses Ziel zu erreichen. Die Erkenntnis unserer eigenen Unschuld und die Erkenntnis, dass auch alle anderen Menschen unschuldig sind, kann uns den Weg zeigen, der aus diesem Spiel hinausführt. Unschuld löst die Vergangenheit auf, und dann besteht keine Notwendigkeit mehr für die Zukunft. Wir sind in der Gleichzeitigkeit des Jetzt – an der Pforte zur Ewigkeit – angekommen. Unser Blick auf einen anderen Menschen entspricht deshalb unserem Blick auf seine – und damit auf unsere eigene – Vergangenheit. Wenn wir unsere Unschuld erfahren, dann gibt es keine Distanz, und jeder Mensch wird zu einer Pforte, die uns nach Hause führt. Achte deshalb darauf, wie du auf die Menschen in deiner Umgebung schaust. Wenn du keine überwältigende Freude fühlst, dann gibt es in deiner Vergangenheit etwas, das noch der Vergebung und der Integration zu neuer Ganzheit bedarf. Immer dann, wenn du dir selbst und den Menschen in deiner Umgebung vergibst, rückt die Welt in Liebe und Einheit näher zusammen. Die Ausrede der Vergangenheit verschwindet, bis nur noch der Garten Eden bleibt.

Lektion 4

Heilung durch Liebe

In einer Welt der Trennung glaubst du, es sei ganz natürlich, deine Distanz zu wahren. Distanz ist aber genau das, was du in Wahrheit nicht willst, denn sie ist die Ursache allen Leidens und aller Probleme. Trennung ist gleichbedeutend mit Kälte, Dunkelheit, Einsamkeit und Gefühlen der Unzulänglichkeit. Sie bedeutet Schmerz, Schuld und Angst dort, wo stattdessen Liebe sein könnte. Wenn du einen anderen Menschen durch Liebe heilst, dann heilst du zugleich auch dich selbst dadurch, dass du die Trennung beendest. Liebe ist die größte Heilkraft, und sie ist der Wesenskern dessen, was deinen Geist heilt und dich dir selbst und anderen Menschen näher bringt.

Rufe dir eines der schlimmsten Erlebnisse in deinem Leben ins Gedächtnis. Stelle dir vor, dass das negative Verhalten des Menschen, der vermeintlich deinen Schmerz verursacht hat, von seinen eigenen schmerzhaften Emotionen herrührt und dass diese Emotionen von dunklen Glaubenssätzen angetrieben wurden. Der Schmerz, den **du** gefühlt hast, ist sein Schmerz, der an dich weitergegeben wurde. Dies trifft auf alle Menschen zu, die an dem Ereignis beteiligt waren. Wähle einen von ihnen aus und nimm wahr, wie deine Liebe einem Feuer gleich von deinem Herzen ausströmt und alle Urteile, Emotionen, Glaubenssätze oder vergangenen Erfahrungen in dir verbrennt, die dich möglicherweise von ihm getrennt halten, bis ihr beide zu einem Feuer und einem Licht werdet. Lasse dann zu, dass dieses Feuer sich in einen strahlenden Kometen verwandelt, der die Trennung zwischen dir und dem Übeltäter überwindet. Lasse zu, dass die Liebe sich erst durch sein Verhalten und dann durch seine Emotionen hindurchbrennt. Lasse dann zu, dass sie seine Glaubenssätze und seine alten Erfahrungen ausfüllt, die zu dem für dich traumatischen Ereignis geführt haben. Verbrenne die Trennung und alles, was die Distanz zwischen euch aufrechterhält, mit dem Feuer eurer gemeinsamen Liebe, bis du dich vollkommen mit ihm verbunden hast und ihr ein Feuer und ein Licht geworden seid. Lasse zu, dass euer Feuer sich in einen Kometen verwandelt, der das Verhalten, die Emotionen, die Glaubenssätze und die alten Erfahrungen der anderen an dem Ereignis beteiligten Menschen verbrennt, bis zu guter Letzt alle miteinander verbunden sind.

Rufe dir nun einen Menschen ins Gedächtnis, der deine Hilfe braucht. Lasse das Feuer deiner Liebe in Form einer Lichtkugel aufsteigen und sende es über die Kluft der Trennung hinweg, um seine Symptome und Probleme, seine Emotionen und die darunter verborgen liegende Angst sowie seine Gedanken, Glaubenssätze und Erfahrungen zu verbrennen, die zu dieser Situation geführt haben. Tue dies so lange, bis du dich mit ihm verbunden hast und ihr zu einem Feuer und einem Licht geworden seid. Wiederhole die Übung immer, wenn du an den Menschen denkst, der dich braucht.

Wiederhole die Übung nun mit einem Menschen in deiner Umgebung, der negativ oder schlecht handelt. Der

Grund für sein Verhalten liegt darin, dass er sich schlecht fühlt, negative Glaubenssätze in sich trägt und negative Erfahrungen gemacht hat. Deine Liebe kann das alles ändern. Er braucht Hilfe, und Liebe hilft ihm und befreit dich.

Führe die Übung zum Schluss mit deinem Partner durch. Lasse das Feuer der Liebe, das in deinem Herzen brennt, ausströmen und sende es in Form eines Kometen aus, der sich durch alles hindurchbrennt, was euch zu trennen scheint, angefangen bei seinem Verhalten und den Emotionen, die eine Distanz zwischen euch geschaffen haben, über seine Glaubenssätze und Selbstkonzepte bis hin zu seinen alten Erfahrungen. Wenn ihr euch schließlich zu einem einzigen Feuer der Liebe und des Lichts verbunden habt, verweile ein wenig darin und genieße die Erfahrung.

Lektion 5

Dein Zorn hat die Vergangenheit erschaffen

Die Vergangenheit existiert nicht. Existieren sollten ausschließlich glückliche Erinnerungen und Segnungen. Wenn du die Vergangenheit anders in Erinnerung hast, dann wurde sie im Zorn erschaffen. Du hast diese Ereignisse benutzt – und benutzt sie immer noch –, um zu kontrollieren, unabhängig zu sein und Recht zu haben. Sie liefern dir eine Ausrede, aber weder Ausreden noch Unabhängigkeit oder Kontrolle sind deinem Erfolg und deinen Beziehungen zuträglich. Das Maß, in dem du zum Opfer gemacht wurdest, entspricht dem Maß, in dem du zornig warst und es noch immer bist. Opfer zu sein ist eine Form von Rache. Du warst unglücklich, um einen anderen Menschen damit anzugreifen und ihm zu zeigen, wie sehr er im Unrecht war. Unter dieser Schicht der unterbewussten Zwiebel verbirgt sich jedoch noch eine weitere Schicht, die das Ereignis benutzt hat, um den Zorn, den du gegen dich selbst gerichtet hattest, auf andere Menschen und dann zurück auf dich selbst zu projizieren.

Wenn du die Verbundenheit zerstörst, wie es in einer Opfersituation der Fall ist, dann bist du zornig, verbirgst deinen Zorn jedoch unter dem Schmerz deines Opferdaseins.

Das Ausmaß deines Schmerzes zeigt dir, welches Ausmaß dein Zorn hat. Und zornig gemacht hat dich nicht das, was andere Menschen getan haben, sondern das, was ***du selbst*** getan und dann auf andere Menschen projiziert hast. Jede Trennung, die du jemals herbeigeführt hast, rührt von Zorn her, der sich als Angriff, Rückzug oder passive Aggression gezeigt hat. Das hat Schuldgefühle in dir hervorgerufen, die sowohl durch Zorn als auch durch Trennung verstärkt werden. So werden Teufelskreise aus Zorn, Schuld und Trennung in Gang gesetzt, die sich immer weiter verstärken, bis du dir der Zerstörungskraft bewusst wirst, die in dir und durch dich am Werk ist, und deine Meinung änderst. Alles, was du durch die Brille deines Zorns siehst, ist eine falsche Wahrnehmung. Die Vergangenheit wird durch Schuld erschaffen und aufrechterhalten. Diese Vergangenheit, die du nicht vergeben hast, zeigt sich als Zorn, der sich gegen dich selbst, andere Menschen und Gott richtet. Du kämpfst darum, die Trennung aufrechtzuerhalten, und hast Angst, dass die Vergangenheit, die du erfunden hast, und die Welt, die du siehst, dir weggenommen werden. Du benutzt Zorn und Schuld, um die Liebe und Gott abzuwehren und die Trennung festzuschreiben. Du dissoziierst und leugnest alle diese Dinge natürlich, aber sie sind ein Teil deines Unterbewusstseins und deines Unbewussten, und sie warten darauf, dass du ihnen endlich auf den Grund gehst, damit du eine andere, bessere Entscheidung treffen kannst. Möglicherweise ist es an der Zeit, genau das zu tun, wenn du nicht willst, dass die Vergangenheit mit ihren Mustern des Zorns und der Opferrolle das natürliche Glück der Gegenwart überschattet. Triff eine gute Wahl. Deine Gegenwart und deine Zukunft hängen davon ab.

Lektion 6

Bei einem Streit projizierst du die Eigenschaften, die du an dir selbst nicht magst, auf deinen Gegner

Bei einem Streit projizierst du die Eigenschaften, die du an dir selbst nicht magst, auf den Menschen, mit dem du im Streit liegst. Du glaubst, dass er allein diese Eigenschaften in sich trägt, die es verdient haben, dass man sie bekämpft. Die Natur der Wahrnehmung besteht aber darin, dass man, um etwas in einem anderen Menschen wiedererkennen zu können, es in sich selbst erkannt haben muss. Was du in deiner Welt siehst, ist das, was du über dich selbst glaubst. Du siehst deine eigenen Glaubenssätze im Spiegel der Welt, und jeder Glaubenssatz ist ein Glaubenssatz über dich selbst.

Was du außerhalb deiner selbst siehst, ist das, was du an dir selbst verurteilt, abgespalten, verdrängt und nach außen projiziert hast. Sogar die Gaben, die du außerhalb deiner selbst siehst, sind deine Gaben, vor denen du dich gefürchtet und die du deshalb auf ähnliche Weise abgespalten hast. Was du also an einem anderen Menschen nicht ausstehen kannst, ist genau das, was du an dir selbst nicht ausstehen kannst. Es gibt jedoch eine Möglichkeit, euch beide zu befreien. Wenn du diese heilende Übung durchführst, wirst du feststellen, dass sie deinen Wunsch nach Kampf und Streit verschwinden lässt.

Erstelle zuerst eine Liste der Dinge, die dich an dem betreffenden Menschen wirklich ärgern. Sie sollte alles enthalten, was deiner Meinung nach an ihm nicht in Ordnung ist.

1. ______________________
2. ______________________
3. ______________________
4. ______________________
5. ______________________

Deine Liste kann auch mehr als fünf Punkte enthalten, denn sie bietet dir die Chance, deine Wahrnehmung von einem anderen Menschen zu ändern und damit auch zu ändern, wie du ihn erlebst.

Sobald du alle Eigenschaften niedergeschrieben hast, stelle dir vor, dass du die erste Eigenschaft zurückziehst. Stelle dir vor, dass du selbst diese Eigenschaft wirklich besitzt. Frage dich, in welcher Form du sie in dir trägst. Sagst du: „Ja, das tue ich auch manchmal." Oder sagst du: „Auf keinen Fall! So bin ich nicht! Wie kannst du es wagen, das zu behaupten? Ich würde eher sterben, als so zu sein!" Die zweite Antwort ist eine Kompensation. Du hast eine Rolle gespielt. Du hast das Richtige getan, aber aus dem falschen Grund. Du hast richtig gehandelt und die projizierte Eigenschaft sowie die Überzeugung, dass du genauso bist, verdrängt. Dein gutes Verhalten war eine Abwehrstrategie, um die Überzeugung, die du von dir selbst hast, zu verbergen. Dass du empfängst, was du gibst, ist ein Gesetz der Natur, das aber für Kompensationen nicht gilt. Die Heilung einer

Kompensation ist eine große Erleichterung, weil du ein hohes Maß an Stress und einen heimlichen Konflikt loslässt und weil du endlich anfängst, den Lohn für deine gute Arbeit zu empfangen. In welcher Form trägst du selbst jede der Eigenschaften, die du in dem Menschen siehst, mit dem du streitest, also in dir? Ist es die erste Form, die zweite Form, oder sind es sogar beide Formen?

Mache dir bewusst, dass du dich ungeachtet dessen, welche der beiden Formen du in dir trägst, immer selbst folterst. Frage dich, wie viele Selbstanteile du wegen deiner Glaubenssätze in die Folterkammer deines Geistes eingesperrt hast. Für jede negative Eigenschaft, die du außerhalb deiner selbst wahrnimmst, unterwirfst du dich einer inneren Selbstfolter. Frage dich im Hinblick auf diese Eigenschaft: „Will ich mich weiterhin selbst foltern, oder will ich dem fraglichen Menschen helfen?" Wenn du dich dafür entscheidest, ihm zu helfen, gehe vor deinem inneren Auge auf ihn zu und umarme ihn. Ohne Unterstützung und Liebe kann bei niemandem eine Besserung eintreten, und dies ist eine große Chance, euch beide von der fraglichen Eigenschaft und von der Schuld, dem Urteil und der Selbstfolter zu befreien, die diese Eigenschaft in dir selbst am Leben erhalten und dafür sorgen, dass du sie auf ihn projizierst.

Wiederhole die Übung mit allen Eigenschaften, die du aufgeschrieben hast. Schaue den betreffenden Menschen dann an und nimm wahr, wie er sich jetzt für dich darstellt. Gibt es noch eine andere Eigenschaft an ihm, die dich ärgert? Überlege außerdem, ob es noch andere Menschen gibt, die dich ärgern oder die in Schwierigkeiten sind und deine Unterstützung brauchen. Mit dieser Übung kannst du ihnen helfen. Erkenne das Problem. Ziehe die Projektion zurück. Stelle fest, in welcher Form du die betreffende

Eigenschaft in dir trägst. Frage dich, wie viele Selbste du innerlich wegen dieser Eigenschaft folterst. Entscheide dann, ob du dich weiter foltern oder lieber dem Menschen helfen willst, den du verurteilt hattest. Wenn du dich entscheidest, ihm zu helfen, verlasse deine Folterkammer und gehe gemeinsam mit den Selbsten, die du gefoltert hast, zu ihm hin, um ihn aus seiner Folterkammer zu befreien. Seine Befreiung führt dazu, dass alle deine gefolterten Selbste wieder mit dir und alle seine gefolterten Selbste wieder mit ihm verschmelzen.

Wiederhole die Übung noch einmal, diesmal allerdings mit einer Gabe, die du in einem anderen Menschen wahrnimmst. Ziehe deine Wahrnehmung dieser Gabe zurück. Setzt du selbst diese Gabe auch hin und wieder ein, oder verbirgst du sie tief in dir und kompensierst sie vollständig? In beiden Fällen hast du Angst vor ihr und folterst dich selbst. Willst du dem betreffenden Menschen helfen, der die Gabe in sich trägt, oder willst du dich weiterhin selbst foltern? Wenn du dich dafür entscheidest, ihm zu helfen, befreie deine gefolterten, verängstigten Selbste aus den Klauen deines Selbstangriffs und gewähre ihm deine Unterstützung. Auf diese Weise kannst du gleichzeitig die Gabe annehmen und zulassen, dass sie in dir lebendig wird.

Lektion 7

Bei einem Kampf greifst du dein Selbstwertgefühl an

Wenn du bei einem Kampf einen anderen Menschen angreifst, dann greifst du gleichzeitig dich selbst und damit auch dein Selbstwertgefühl an. Der Versuch, den anderen Menschen zu schwächen und sein Selbstwertgefühl herabzusetzen, lässt dich schließlich glauben, dass du dein eigenes Selbstwertgefühl herabgesetzt hast. Du schwächst dich selbst, indem du glaubst, angreifen zu müssen und dass Angriff dich stark macht und andere Menschen schwächt. Das bringt dich auf den Gedanken und macht die Vorstellung glaubhaft, dass es dich schwächt und dein Selbstwertgefühl herabsetzt, wenn du angegriffen wirst. Deine Überzeugung und deine Absicht anderen Menschen gegenüber kehren sich gegen dich selbst. Wenn du glaubst, einem anderen Menschen schaden zu können, dann glaubst du, dass man auch dir schaden kann.

Wenn du dein Selbstwertgefühl herabgesetzt hast, beharrt das Ego darauf, dass du einen anderen Menschen angreifen musst, um das Gleichgewicht in der Situation wiederherzustellen. Dies setzt einen Teufelskreis zwischen Angriff und Mangel an Selbstwert in Gang. Je unwürdiger du dich fühlst, umso mehr urteilst du über andere Menschen und dich selbst und greifst sowohl sie als auch dich an. Ein Teufelskreis ist eine Abwärtsspirale, die ein immer stärkeres Maß an Angriff und mangelndem Selbstwert erzeugt. Es ist an der Zeit zu erkennen, dass diese Strategie des Egos ein Fehler ist, und sie loszulassen. Dein Selbstwertgefühl wird gestärkt, wenn du dich stattdessen für Frieden und dafür entscheidest, andere Menschen zu segnen.

Lektion 8

Du ärgerst dich immer nur über dich selbst

Die Welt ist dein Spiegel. Wenn du mit einem anderen Menschen kämpfst, kämpfst du mit dir selbst. Wenn du einen anderen Menschen verurteilst, ärgerst du dich in Wahrheit über dich selbst, kannst den Ärger und die Schuld aber nicht ertragen und projizierst sie deshalb nach außen.

Dein Ärger bedeutet, dass du einen anderen Menschen anschaust und seine Vergangenheit – und dahinter in Wahrheit deine eigene Vergangenheit – siehst. Die Vergangenheit existiert tatsächlich jedoch nur in dem Maße, in dem du sie am Leben erhältst, weil sie einem Plan dient, den du in der Gegenwart verfolgst. Du brauchst die Vergangenheit, weil du glaubst, dass sie dir eine Ausrede dafür liefert, etwas tun zu können oder nicht tun zu müssen. In Wirklichkeit existiert nur die Gegenwart. Du hast Vergangenheit, Gegenwart und Zukunft in lineare Zeit unterteilt. Dann verknüpfst du sie mit Schuld, die eine Strategie des Egos ist, um der Gegenwart aus dem Weg zu gehen, in der sowohl das Ego als auch alle seine Abwehrstrategien überflüssig sind. Die Gegenwart trägt Frieden, Unschuld und Freude in sich. Sie birgt das Tor zur Zeitlosigkeit, während du die Vergangenheit benutzt, um zu kontrollieren, zu beherrschen oder dich zu verstecken. Wenn du dich also über einen anderen Menschen ärgerst, legst du ihm seine Vergangenheit zur Last und siehst ihn nicht so, wie er jetzt ist. Die Vergangenheit ist jedoch eine Illusion, die du erfunden hast, weil sie dir eine bestimmte Belohnung einbringt. Du siehst einen anderen Menschen mit Augen, die in den Spiegel deiner eigenen Vergangenheit schauen. Jeder Ärger über andere Menschen und dich selbst dient dazu, dem Frieden aus dem Weg zu gehen, der alles hervorbringt, was das Ego zum Schmelzen bringen würde. Dazu gehören unter anderem Liebe, Verstehen, Fülle und Freude.

Dein Ärger zeigt, dass du einen Fehler machst. Wenn du deine Vergangenheit berichtigen, die Vergangenheit anderer Menschen loslassen und deinen Ärger nutzen würdest, um Heilung zu erlangen, dann hätte er seinen Zweck erfüllt und dir gezeigt, was der Heilung bedarf. Wenn du ihn jedoch benutzt, um über einen anderen Menschen zu urteilen und ihn ins Unrecht zu setzen, dann handelst du dir selbst und deinen wahren Zielen zuwider.

Es ist an der Zeit, anderen Menschen für die Missetaten zu vergeben, von denen du geglaubt hast, du selbst habest sie begangen, damit ihr beide frei sein könnt.

Lektion 9

Bei einem Kampf verurteilst du einen anderen Menschen als liebensunwürdig

Wenn wir mit einem anderen Menschen kämpfen, dann haben wir ihn nicht nur verurteilt, sondern ihn auch der Liebe für unwürdig befunden, und wir sind der Meinung, dass er den Angriff verdient hat. In dem Maße, in dem wir richten, werden wir jedoch selbst gerichtet, und in dem Maße, in dem wir einen anderen Menschen verdammen, sind wir selbst verdammt. Wir verurteilen einen anderen Menschen und richten uns gleichzeitig selbst, und durch unseren Kampf erklären wir, dass er Bestrafung verdient hat, während wir uns unterbewusst gleichzeitig selbst bestrafen. Wir sind so darauf versessen, uns mit ihm anzulegen, dass wir nicht sehen, welchen Preis das Leben oder wir selbst dafür zahlen. Die Tatsache, dass wir einen anderen Menschen in dieser Weise angreifen, bedeutet, dass wir glauben, ihm durch unseren Angriff schaden zu können. Das bringt uns wiederum zu der Überzeugung, dass ein Angriff auch uns selbst schaden kann, und weil wir selbst angegriffen haben, fordern wir Angriff heraus und glauben, ihn verdient zu haben.

Wenn wir erkennen würden, was Angriff uns allein im Hinblick auf unsere Bewusstheit kostet, könnten wir niemals angreifen und damit unser Ego, unsere Blindheit, unsere Schuld und unseren Schmerz stärken. Die von unserem Angriff herrührende Trennung bedroht unsere Träume, Hoffnungen und Wünsche sowie unser Wissen um die Antworten und Gaben, die wir in uns tragen. Sie entspricht nicht dem, was wir wirklich wollen. Wir sind dem Ego jedoch so verhaftet, dass wir der aberwitzigen Meinung sind, es läge in unserem Interesse, einen anderen Menschen zu besiegen. Wir gewinnen entweder alle gemeinsam oder verlieren getrennt. Nun ist es an der Zeit, unsere Einstellung zu ändern, denn wir können niemals frei sein, solange wir andere Menschen angreifen. Angriff zerstört nicht nur Verbundenheit, sondern greift auch die Überzeugung an, dass wir alle Liebe verdient haben. Ohne diese Überzeugung bleiben wir im Sumpf von Schuld und Angst stecken.

Lektion 10

Emotionen sind Widerstand

Die folgenden Prinzipien erklären den Zusammenhang zwischen Emotionen und Widerstand.

1. Alle Emotionen sind negativ und stehen für deinen Widerstand.
2. Alle Probleme verbergen negative Emotionen und sind ein Ausdruck deines Widerstandes.
3. Du leistest Widerstand gegen Dinge, vor denen du Angst hast. Deine Angst entspringt deinem Bewusstsein und rührt von deinem Angriff und von der Trennung her, die du erschaffen hast.
4. Wenn Verbundenheit zerstört wird, entsteht Schmerz, und der größte Teil dieses Schmerzes wird dissoziiert. Der Schmerz wurde durch eine heimliche Entscheidung zugunsten dissoziierter Unabhängigkeit verursacht. Es war die Entscheidung, Verbundenheit mit Widerstand zu begegnen und Beachtung zu erlangen. Es war die Entscheidung, Recht haben und besonders sein zu wollen. Es war die Entscheidung, die Kontrolle haben und deinen eigenen Weg gehen zu wollen.
5. Schmerz und Probleme zeigen dir eine Möglichkeit auf,

die Verbundenheit zu erneuern und ganz mühelos auf neue Ebenen von Liebe und Erfolg zu gelangen.

6. Schuld, Misserfolg, Verletzung, Schwäche, Widerstand, Verlust, Angst und Gefühle von Unzulänglichkeit und Einsamkeit sind nur ein Teil des Preises an Schmerz, den du gezahlt hast, als du dich dafür entschieden hast, deine Verbundenheit zu zerstören.
7. In schmerzhaften Situationen hast du dafür gesorgt, dass andere Menschen dir mit ihrem Verhalten die Ausrede geliefert haben, die du brauchtest, um dich zu trennen. So hast du verheimlicht, dass du die Wahl gehabt hättest, ihnen zu helfen, statt sie zu Unrecht zu beschuldigen. Wenn du allen an der Situation beteiligten Menschen geholfen hättest, wäre sie mühelos geklärt worden.
8. Wenn du dich trennst, gibst du anderen Menschen die Schuld an dem, was du getan zu haben glaubst.
9. Du klagst andere Menschen und Gott für die Fehler an, die du gemacht zu haben glaubst.
10. Probleme, Emotionen und Schmerz zeigen dir, wo du einen Fehler gemacht und dich nicht für den Weg deines höheren Bewusstseins, sondern für den Weg des Egos entschieden hast. Dein höheres Bewusstsein hat dir aus der Schatzkammer deines Geistes eine Seelengabe angeboten, und der Himmel wollte dir eine Gabe der Gnade zuteilwerden lassen. Du hast dich mit deiner Entscheidung nicht nur von deiner Lebensaufgabe und deiner Bestimmung abgewandt, sondern auch von wunderbaren Seelengaben, mit deren Hilfe du die Situation hättest klären können.
11. Deine Entscheidung für den Weg des Himmels und deines eigenen höheren Bewusstseins bedeutet, dass die Verbundenheit wiederhergestellt wird, die du verloren

hattest. Dies würde dein Leben glücklicher machen und dir ein höheres Maß an Fülle schenken. Wenn du diese Gaben mit allen Menschen teilst, die an einem negativen Ereignis beteiligt sind, befreist du sowohl sie als auch dich selbst von den Wunden und selbstschädigenden Mustern des Widerstandes, die durch die schmerzhafte Situation entstanden sind oder durch sie verstärkt wurden.

12. Vergebung befreit dich. Sie befreit dich von deinem heimlichen Widerstand, deiner Schuld und deinem Schmerz, und sie bringt dir zurück, was verloren war.
13. Da ein Problem von vielen Schichten des Widerstandes und der zerstörten Verbundenheit genährt werden kann, ist es in manchen Fällen erforderlich, dir selbst, anderen Menschen, der Situation und auch Gott immer wieder neu zu vergeben.
14. Um die vielen Ebenen deines Widerstandes zu erkennen, brauchst du dir nur deine Emotionen, deine Probleme und das anzuschauen, was in deiner Wahrnehmung in der Welt vorgeht. Alle negativen Dinge in dir selbst oder in deiner Umgebung zeigen deinen Widerstand.

Widerstand fußt auf Angst, und wie Angst entsteht auch Widerstand durch die Zerstörung von Verbundenheit. Ganz gleich, wie sehr du in einer Situation gelitten haben magst, ist die Zerstörung der Verbundenheit deine Entscheidung, und du hast sie getroffen, um dich auf die Seite deines Egos und der Trennung zu stellen. Dein Unterbewusstsein, das so viel größer ist als dein Bewusstsein, hat die Aufgabe, das zu verbergen, was in einer schmerzhaften Situation tatsächlich geschehen ist.

Wenn Trennung geschieht, entstehen Verlust, Schmerz, Angst, Gefühle von Unzulänglichkeit und Widerstand. Alle diese Dinge setzen dann einen Teufelskreis in Gang, ein dunkles Muster, das spiralförmig nach unten führt. Der Widerstand, der mit Trennung beginnt, ist deine Abwehrstrategie und Leugnung. Widerstand schützt dich scheinbar vor Schmerz, soll in Wirklichkeit aber die Verbundenheit abwehren. Diese Spirale aus Schmerz, die zu einem selbstschädigenden Muster wird, verbirgt, was wirklich geschehen ist. Sie verbirgt, dass du selbst derjenige warst, der sich getrennt und dir Schmerz zugefügt hat. Diese Erkenntnis macht dir Angst, weil du weder die Macht besitzen noch die Verantwortung übernehmen willst. Du würdest lieber die Kontrolle behalten und unabhängig bleiben, obwohl es dein Bewusstsein spaltet und dafür sorgt, dass du zwei gegensätzliche Dinge gleichzeitig willst. Das führt dazu, dass du gar nicht mehr von der Stelle kommst. Widerstand entspringt dem Unterbewusstsein, das deinen heimlichen Wunsch verbirgt, auf Kosten deines Erfolges deinen eigenen Weg zu gehen. Widerstand, der dich vor Schmerz schützen soll, verursacht in Wirklichkeit nur noch größeren Schmerz. Dein Ego schlägt dir daraufhin ein Konglomerat an Strategien vor, die ebenfalls nicht funktionieren. Dissoziation verbirgt beispielsweise den Schmerz, mit dem du dich befassen und den du heilen musst, oder schließt den Schmerz in dir ein und setzt ein selbstschädigendes Muster in Gang, das ähnlichen Schmerz anzieht, um den eingeschlossenen Schmerz aufzubrechen. Das Ego nutzt sowohl den alten als auch den neuen Schmerz, um die Wunde noch zu vergrößern, weil der Schmerz und sein Abwehrmechanismus die Position des Egos stärken. Dein höheres Bewusstsein benutzt den neuen Schmerz, um sowohl den alten als auch den neuen Schmerz zu heilen. Die Strategien des Egos führen zu einer weiteren Zerstörung der Verbundenheit und einer noch stärkeren Bewusstseinsspaltung, weil das Ego versucht, seine Macht noch weiter auszubauen. Dein gespaltenes Bewusstsein will nicht nur Erfolg und Verbundenheit, sondern verspürt auch ein starkes Verlangen nach dem Gegenteil, das darin besteht, unabhängig zu bleiben. Dieser Konflikt erzeugt Angst und Zwiespältigkeit.

Probleme entstehen aus der verborgenen Negativität und dem heimlichen Widerstand, die sich einstellen, wenn du die Verbundenheit zerstörst und einem anderen Menschen die Schuld an deinem Schmerz gibst. In deinem Leben tritt diese bevorzugte Strategie des Egos dann als Hindernis in Erscheinung. Sie zeigt dein gespaltenes Bewusstsein. Der abgespaltene Anteil, der getrennt sein und seinen eigenen Weg gehen will, wurde verdrängt und zeigt sich als Widerstand. Dieser abgespaltene Anteil leistet Widerstand gegen Ganzheit, Zuversicht und die Verbundenheit, die erforderlich wäre, um Erfolg und Liebe in dein Leben zurückzubringen.

Bewusste Wahrnehmung gibt dir jedoch die Möglichkeit, diesen verlorenen, verdrängten Anteil zurückzugewinnen, der als die Welt auf den Spiegel deines Geistes projiziert wird. Die Welt ist ein Ausdruck der intrapsychischen Ebene oder deiner unbewussten Selbstkonzepte. Sie ist ein einziger, riesiger Spiegel, der dir zeigt, was du von dir selbst glaubst. Ein großes Problem kann eine Konstellation von Spaltungen in deinem Bewusstsein widerspiegeln, die deine Emotionen und die Welt erschaffen. Ein chronisches Problem kann eine Unzahl von Spaltungen widerspiegeln, die sich alle an einem Ort ansammeln, an dem das Ego in deinem Leben eine Straßensperre errichtet hat. Die positive Seite deines Bewusstseins muss sich diesem Hindernis stellen, das dein Ego vor dir aufgebaut hat, um seine Unabhängigkeit zu bewahren. Erfolg und Liebe sind jedoch nur möglich, wenn du verbunden bist, und deshalb bist du zerrissen. Ein Teil von dir will glücklich sein, und ein anderer Teil von dir will, dass alles nach deinen Wünschen läuft. Um dich selbst zurückzugewinnen, musst du dir für die falsche Wahl vergeben, mit der du dich für die Trennung entschieden hast. Dadurch wird es einfacher, allen an der Situation beteiligten Menschen und auch dem Problem selbst zu vergeben, das Aspekte deines Bewusstseins verkörpert.

Jedes Problem ist ein Finger der Anklage, der auf einen anderen Menschen gerichtet ist. Manchmal handelt es sich dabei um jemanden, der jetzt in deinem Leben eine Rolle spielt, manchmal auch um jemanden aus deiner Vergangenheit. Meist ist beides der Fall. Auf der tiefsten Ebene gibst du jedoch Gott die Schuld an deiner Situation. Dies ist natürlich einer der Bereiche, die wir am tiefsten ins Unbewusste verdrängt haben. Gott zu vergeben bedeutet, einen Kanal der Gnade und der Wunder zu eröffnen. Hätte Gott alle diese widergöttlichen Dinge getan, derer du ihn unbewusst beschuldigst, dann würde er – der Urgrund allen Seins – verschwinden und mit ihm in einem einzigen Augenblick die gesamte Existenz. Gott war stets Gott und wird es immer sein. Die Tatsache, dass du hier bist, zeigt, dass Gott immer gottgleich war und dass du ihn zu Unrecht beschuldigt hast. Du hast ihn für die Dinge beschuldigt, die du getan oder nicht getan hast. Dies ist das Wesen der Projektion. Es ist vergleichbar mit einer Situation, in der du gelitten, einem anderen Menschen die Schuld daran zugewiesen und so deine heimliche Entscheidung für die Trennung verborgen hast. Genau dasselbe hast du auch mit den Menschen getan, denen du die Schuld an deinen Problemen gibst. Du gibst anderen Menschen zu Unrecht die Schuld an dem, was du selbst getan zu haben glaubst. Wenn du dich davor fürchtest, den nächsten Schritt zu gehen, machst du andere Menschen zu deinem Sündenbock. Das Unterbewusstsein zeigt, dass du dein Leiden aktiv planst. Dein Ego hat dir weisgemacht, dass es ein geringer Preis für deine Unabhängigkeit wäre, dich zu verstecken und vor deiner Lebensaufgabe und deinen Gaben davonzulaufen. Du verwischst deine Spuren. Die zahlreichen Schichten des Widerstandes erschweren die Erkenntnis, dass du für das, was dir widerfahren ist, die Verantwortung trägst. Jeder Groll ist eine Projektion deiner Gefühle der Schuld und des Versagens, die beim Verlust der Verbundenheit und des dadurch verursachten Leidens entstanden sind. In Wirklichkeit hast jedoch du andere Menschen zum Sündenbock für das gemacht, was du getan hast, um die Verbundenheit zerstören zu können. Du hättest die Situation für alle daran beteiligten Menschen bereinigen können, hast es stattdessen aber vorgezogen, dich zu verstecken.

Alle diese falschen Entscheidungen haben ein hohes Maß an Widerstand in deinem Leben entstehen lassen. Statt „ja" zu dir selbst zu sagen, erteilst du dir eine klare Absage, indem du „nein" oder bestenfalls „vielleicht" sagst. Du sagst „nein" zur Liebe, zum Erfolg und zum Himmel auf Erden. Du sagst „nein" zu Gott und verhungerst, weil du Gnade, dein eigenes göttliches Selbst und den Himmel abschneidest, während du gleichzeitig dein Ego nährst. Es ist an der Zeit, dass du anfängst, „ja" zur Wahrheit und zum Leben zu sagen. Es ist an der Zeit, dass du vergibst und dich wieder neu verbindest.

Vergebung auf einer zwischenmenschlichen Ebene heilt deinen Widerstand. Wenn Widerstand aufgelöst wird, nehmen Bereitschaft und Fluss seinen Platz ein.

Lektion 11

Bei einem Streit projizierst du deinen eigenen Ärger

Ohne Ärger gibt es keinen Streit. Eine Möglichkeit, einen Streit zu beenden, besteht also schlicht darin, einen Schritt über den Streit hinauszugehen. Wenn du einen Schritt vorangehst, gelangst du zu größerem Erfolg und einem neuen Maß an Nähe mit deinem Partner. Projektion gehört zu den unterbewussten Aspekten jeder Auseinandersetzung. Du projizierst nicht nur deinen Ärger, sondern auch das Selbstkonzept nach außen, dessentwegen du dich selbst verurteilt hast und das dein Gegner nun verkörpert und für dich ausagiert. Dein Gegner ärgert sich über das Selbstkonzept, mit dem du dich am stärksten identifizierst. Dies spiegelt sowohl deinen inneren Konflikt wider als auch die Schuld und den Selbstangriff, die mit einem gespaltenen Bewusstsein einhergehen. Dein Gegner in einem Streit agiert die Seite deines eigenen Bewusstseins aus, mit der du dich in geringerem Maße identifizierst.

Trennung ist immer mit Angriff verbunden, und das Gefühl des Ärgers, das er hervorruft, wird so unangenehm, dass du ihn nach außen auf den Menschen projizierst, mit dem du im Streit liegst. Durch unbewusste Trennung hast du ein so hohes Maß an Getrenntheit in den Tiefen deines

Bewusstseins angesammelt, dass du Kammern des Ärgers und der Schuld in dir trägst, die sich gegenseitig nähren und einen Teufelskreis erzeugen, der spiralförmig abwärts führt. Das Ego redet dir ein, dass Projektion und der Streit mit einem anderen Menschen dich retten können. In Wahrheit wird der Teufelskreis aus Ärger und Schuld in dieser Abwärtsspirale jedoch nur beschleunigt.

Das Maß an Ärger, das du selbst empfindest, und das Maß an Ärger, das dein Gegner dir gegenüber empfindet, entspricht in Wirklichkeit dem gesamten Maß an Ärger, das du in dir trägst. Vergiss nicht, dass Rückzug und passive Aggression ebenso Formen von Ärger sind wie Probleme in Beziehungen, Gesundheit, Erfolg oder Sexualität. Ärger ist nicht hilfreich. Er versucht, einen anderen Menschen zu kontrollieren, und selbst wenn es gelingt, diesen von seinem negativen Verhalten abzubringen, geschieht es aus den falschen Gründen, und der Konflikt wird nach innen verlagert. Entscheide dich stattdessen für Vergebung und Selbstvergebung, weil nur sie dich wirklich voranbringen. Entscheide dich stattdessen dafür, genau das zu geben, was ihr beide – du und dein Gegner – braucht, nämlich das, was den Ärger und den daraus entstehenden Streit zu heilen vermag.

Lektion 12

Grün vor Neid

Neid gehört zu den negativen Emotionen, die Teil eines Musters sind, das entsteht, weil wir uns mit anderen Menschen vergleichen. Das Vergleichen ist ein Mechanismus unseres Egos, der immer zu Schmerz führt. Neid bedeutet, dass du dich benachteiligt und unzulänglich fühlst. Du glaubst, nicht genug zu haben, weil du tief in dir das Gefühl hast, dass ***du*** nicht genug bist. Neid entspringt Konkurrenz und dem Gefühl, der Verlierer zu sein. Konkurrenz und Vergleich sind Werkzeuge des Egos, die dafür sorgen, dass du immer weiter in die falsche Richtung gehst, die dich aufhalten und deine Angst vor dem nächsten Schritt verbergen. Du willst einen anderen Menschen besiegen, als glaubtest du, es würde dir helfen, selbst erfolgreich zu sein. Erfolg geht voran. Er bleibt nicht stehen, um zu gewinnen oder zu verlieren, weil Erfolg mehr als das ist.

Neid fußt auf einem Bild davon, wie dein Leben deiner Meinung nach sein sollte. Du fühlst dich schlecht im Hinblick auf die Dinge, die nicht ins Bild passen, statt dir das Ziel zu setzen und die Lektionen zu lernen, die es dir ermöglichen, das zu erreichen, was du erreichen willst. Deine Bilder davon, wie die Dinge sein sollten, sind Erwartungen, die auf Forderungen und Bedürfnissen beruhen. Wenn du eine Sache ***brauchst***, versucht das Leben jedoch immer, dich Nicht-Anhaften zu lehren, indem es sie dir nicht gibt. Das macht dich nur noch neidischer. Wenn du deine Anhaftung und deinen Neid aber loslässt und sie somit ***nicht brauchst***, dann kannst du paradoxerweise alles haben, was du willst und was durch dein Bedürfnis blockiert wurde.

Ein Bedürfnis rührt von verlorener Verbundenheit her, die ***du*** zerstört hast, obwohl du eine Geschichte erzählst, der zufolge jemand dir etwas gegen deinen Willen angetan hat, das dann zur Zerstörung der Verbundenheit geführt hat. Du zerstörst die Verbundenheit aus mehreren Gründen. Es dient dir als Ausrede, um dich zu trennen und unabhängig zu werden. Du hast Selbstkonzepte erfunden, um dir eine Identität zu geben. Du hast jemanden zu Unrecht beschuldigt, dem du auf einer Seelenebene versprochen hattest, dass du ihm helfen würdest, und du hast es getan, um dich verstecken und vor deiner Lebensaufgabe davonlaufen zu können. Dies hat Emotionen der Schuld und der Angst in dir verankert, die du als Ausrede benutzt hast, um den nächsten Schritt nicht gehen zu müssen. Damit hast du wiederum deine Selbstkonzepte und deine von dir geschaffene Identität zementiert. Aus dem Verlust der Verbundenheit ist ein gespaltenes Bewusstsein entstanden, das Erfolg und Freiheit, aber auch Unabhängigkeit und andere Rollen will, hinter denen es sich verstecken kann. Dein gespaltenes Bewusstsein erzeugt Angst vor dem nächsten Schritt, damit du dich nicht zu ändern brauchst. Das aber wäre erforderlich, damit du erfolgreich sein kannst. Du willst Liebe, Verständnis und Erfolg, aber zugleich willst du Unabhängigkeit, Kontrolle und die Möglichkeit, deinen eigenen Weg zu gehen. Dadurch wird es ungleich schwieriger, etwas zu erreichen, weil du etwas willst und es gleichzeitig nicht willst.

Letztlich verhindert genau das, dass du alles bekommst, was du vordergründig haben willst, und hält dich im Neid gefangen.

Wenn du neidisch bist, greifst du andere Menschen und dich selbst an. Du tappst in die alte Falle, dass jemand anderer für deine Situation und ihren Mangel an Glück und Fülle verantwortlich ist. In Wahrheit kannst aber nur du selbst dich einer Sache berauben, und du kannst nur dann alles haben, was du willst, wenn du dich selbst und deine Gaben gibst. Was du nicht gibst, kannst du nicht haben. Neid zeigt dein gespaltenes Bewusstsein und den Verlust deiner Verbundenheit, die ihrerseits zeigen, dass du jemand anderen für deinen Mangel verantwortlich machst. Dies geht Hand in Hand mit der Überzeugung, dass jemand anderer als du selbst die Verantwortung für dein Glücklichsein trägt. Wenn du diesen Fehler machst, sind viele schmerzhafte Emotionen vorprogrammiert, und Neid ist nur eine davon.

Es gibt eine ganze Reihe von heilenden Prinzipien, die du an diesem Punkt einsetzen kannst, um dich von Neid zu befreien. Ein erster Schritt besteht darin, dir ein Ziel in Bezug auf das zu setzen, was du erreichen willst, statt Energie auf Neid zu vergeuden. Mit Hilfe eines Ziels kannst du festlegen, was du willst, und es manifestieren. Wenn du dein Bedürfnis nach etwas loslässt, bist du ebenfalls frei dafür, es zu empfangen. Vergebung trägt dazu bei, dich von deinem gespaltenen Bewusstsein zu befreien, und sie bringt dich zum nächsten Schritt voran. Vergib dir selbst, deinem Neid und deinem Glaubenssystem dafür, dass du das, was du anscheinend haben willst, nicht gegeben hast, und vergib auch dem Menschen, dem du vorgeworfen hast, sich nicht um dein Bedürfnis gekümmert zu haben. Du kannst auch deinen Mangel mit der Fülle integrieren, auf die du neidisch warst. Du kannst dich dem Menschen verpflichten, der hat, was du scheinbar nicht hast, und du kannst dich dem verpflichten, was du haben oder erreichen willst. Damit bist du auf dem besten Weg, diese Gabe oder Eigenschaft selbst zu erlangen. Statt neidisch zu sein, kannst du manifestieren. Statt dich selbst anzugreifen, kannst du herausfinden, wer deine Hilfe braucht, und auf ihn eingehen, indem du ihm Liebe sendest. Du kannst dich dem nächsten Schritt in deinem Leben verpflichten, denn unter dem Neid liegt deine Angst vor dem nächsten Schritt verborgen. Du kannst die Rollen der Unabhängigkeit, der Abhängigkeit und der Aufopferung mit dem Schmerz und der Schuld integrieren, die sie verbergen, um neue Ganzheit und Zuversicht zu erschaffen. Du kannst zu dem ursprünglichen Fehler zurückkehren und eine neue Entscheidung für den Weg treffen, auf dem du deine Gaben, deine Lebensaufgabe und deine Bestimmung verwirklichst und den Menschen hilfst, die deine Hilfe brauchten, statt sie zu Unrecht zu beschuldigen. Dann erlangst du Ganzheit und neue Zuversicht anstelle des gespaltenen Bewusstseins, das jedes Empfangen verhindert, weil du dich vor der Großartigkeit der Eigenschaft oder des Weges fürchtest. Statt neidisch zu sein, kannst du beginnen, dein Leben neu zu gestalten.

Wenn du grün vor Neid bist, dann zeigt das ganz einfach, dass du nicht reif dafür warst, das zu empfangen, worauf du neidisch warst, und dass deine Angst größer war als dein Verlangen. Nur du selbst kannst dich einer Sache berauben. Es ist an der Zeit, die richtige Entscheidung zu treffen, erwachsen zu werden, an deiner Heilung zu arbeiten und das zu empfangen, was du willst. Wenn du weißt, dass es keine große Sache ist, das zu bekommen, worauf du neidisch bist, kannst du es mühelos haben. Es ist dir vom Himmel bereits gegeben und ein Teil deines Vermächtnisses und deines ureigenen *Seins*, aber du hast es mit vielen sowohl positiven als auch negativen Selbstkonzepten zugedeckt, die deinem gespaltenen Bewusstsein entspringen. Es ist an der Zeit, deine wahre geistige Wesensnatur anzunehmen, die grenzenlos ist, und deinen Wert und deine Verdienstwürdigkeit zu erkennen.

Lektion 13

Depression heilen

Eine Depression entspringt einem Verlust, den wir nicht überwunden haben. Sie zeigt, dass wir festhalten. Wir empfinden Traurigkeit, und unter der Traurigkeit verbergen sich Groll und Gefühle von Schuld im Hinblick auf das, was geschehen ist. Darunter aber verbirgt sich Angst. Wir fürchten uns vor dem nächsten Schritt oder, bei einer schweren Depression, dem nächsten Stadium in unserem Leben. Eine Depression bedeutet, dass wir uns mit der Erschöpfung, der Schwäche und dem Gefühl des Verlustes befassen, nicht aber mit dem heimlichen Zweck, dem unsere Depression dient.

Auf der Ebene des Geistes dienen alle – auch die allerschlimmsten – Dinge einem Zweck. Wir können niederschmetternde Ereignisse als Sprungbrett nutzen, um uns auf eine ganz neue Ebene zu katapultieren, oder aber als Ausrede, um uns nicht ändern und den nächsten Schritt zu einem besseren Weg nicht gehen zu müssen. Eine Depression ist deshalb immer mit Gefühlen der Unzulänglichkeit verknüpft. Den nächsten Schritt zu gehen bedeutet jedoch, die Vergangenheit zu heilen und die Gefühle der Angst und der Unzulänglichkeit zu überwinden. Wenn wir uns immer wieder der Wahrheit, dem nächsten Stadium in unserem

Leben und einem besseren Weg verpflichten, können wir die Schichten der Depression rasch und mühelos durchschreiten, bis wir frei und wieder im Fluss sind. Dieser Prozess wird ungleich leichter, wenn wir bei jedem Schritt des Weges um Gnade bitten.

Lektion 14

Emotionen als Abwehrstrategie

Emotionen sind ein Hilferuf. Wenn das Ego sie benutzt, werden sie jedoch zu einer Abwehrstrategie, um einen Angriff oder einen wahrgenommenen Angriff abzuwehren. Das Ego sieht einen Angriff, sobald jemand seinen Wünschen oder Überzeugungen nicht zustimmt. Es setzt Emotionen ein, um von einer offenen, klaren Kommunikation abzulenken. Es benutzt Emotionen, sobald jemand eine seiner vielen Regeln bricht oder nicht mit dem Drehbuch einverstanden ist, das es den Menschen in seiner Umgebung zugedacht hat. Das heimliche Drehbuch, das sie buchstabengetreu ausagiert haben, ignoriert es. Dieses tiefere Drehbuch wird durch die Emotionen verborgen. Emotionen ignorieren die Tatsache, dass du Ereignisse selbst herbeiführst, weil du dir eine Belohnung davon erhoffst. Diese Belohnung besteht nicht zuletzt in Kontrolle und der Möglichkeit, deinen eigenen Weg zu gehen. Du rechtfertigst dein Verhalten mit dem, was geschehen ist, und leugnest, dass du genau das wolltest.

Emotionen verteidigen bestimmte Regeln des Egos:

1. Andere Menschen sind verantwortlich für das, was mir widerfährt, und für das, was ich fühle.

2. Wenn ich mich schlecht fühle, sind andere Menschen daran schuld.
3. Es ist die „Aufgabe“ anderer Menschen, mich glücklich zu machen.
4. Andere Menschen können mich verletzen, mich wütend machen oder dafür sorgen, dass ich mich schuldig fühle oder mich schäme. Der Schmerz, von dem mein Leben geprägt ist, zeigt, dass andere Menschen mich zum Opfer gemacht haben.
5. Ich habe keine Kontrolle über meine Emotionen.
6. Andere Menschen drängen mich dazu, Dinge zu tun, die ich nicht tun will, und Dinge zu fühlen, die ich nicht fühlen will. Ich selbst hätte nicht negativ gehandelt oder negative Gefühle in mir getragen, wurde aber von anderen Menschen dazu gedrängt.
7. Ich bin ein Körper, und ich bin nicht frei. Ich bin nicht in Sicherheit. Ich bin begrenzt. Ich bin weder heil noch ganz, und das gibt mir die Ausrede, alles zu tun, was ich tun will.

Eine Abwehrstrategie ist überzeugt, dass es etwas gibt, das der Verteidigung bedarf. Es gibt positive Selbstkonzepte, die verborgene, negative Selbstkonzepte kompensieren. Wenn du bestimmte Emotionen nicht ertragen kannst oder dich vor ihnen fürchtest, dann dissoziierst du sie und schneidest sie ab. Leider werden damit auch deine Gaben, positiven Gefühle und die Fähigkeit abgeschnitten, zu empfangen und dich mit anderen Menschen zu verbinden. Eine Dissoziation ist ein Abwehrmechanismus, der die Abwehrstrategie der Emotionen überdeckt und laut kundtut: „Es ist nicht meine Schuld! Ich habe das Recht, unabhängig zu sein und meinen eigenen Weg zu gehen!“ Das macht ihre Heilung ungleich schwerer, denn Emotionen sind Abwehrstrategien, die das Ego mit Hilfe derartiger Regeln vertuscht.

Emotionen verbergen außerdem deine grundlegende geistige Wesensnatur, begrenzen deine Liebe und deine Macht und schneiden dich von der Erfahrung Gottes ab.

Emotionen sind Finger der Schuldzuweisung, die du auf andere Menschen und auf Gott richtest. Sie sollen die Schuld verbergen, die du für das in dir trägst, was du anderen Menschen vorgeworfen hast.

Emotionen, die in dir hochkommen, sind ein Zeichen dafür, dass es Dinge in deinem Leben gibt, die du nicht anschauen und für die du keine Verantwortung übernehmen willst. Emotionen werden Teil eines Musters, das selbstschädigend und gleichgültig ist – außer wenn es darum geht, seinen Willen durchzusetzen. Diese selbstschädigenden Muster wehren deine Gaben ab, weil du fürchtest, du könntest die Kontrolle verlieren, wenn du sie annimmst, und dich stattdessen für die Kontrolle entscheidest. Emotionen wehren zudem deine Lebensaufgabe und deine Bestimmung ab. Deine Lebensaufgabe ist der Beitrag, den du in diesem Leben leisten wolltest, und deine Bestimmung ist, der zu sein, der du in diesem Leben sein wolltest. Deine höchste Bestimmung liegt darin, zu erwachen und dich selbst als reinen Geist zu erkennen, dich aus der Höhle zu befreien, dich als Kind Gottes im Einssein zu erkennen. Deine Emotionen errichten Mauern gegen diese Dinge und gegen die Verbundenheit, die mit Liebe einhergeht. Emotionen stehen deiner Fähigkeit, die Stimme der Weisung zu hören, im Weg. Sie verhindern den Frieden, den du brauchst, um nicht nur für die Antworten offen zu sein, sondern auch für die Inspiration, die erforderlich ist, um kreativ sein zu können, und die Offenheit, die notwendig ist, damit Gnade strömen kann. Diese Dinge erzeugen Fluss, und ohne Fluss gibt es keinen Erfolg, sondern nur drückende Aufopferung, um eine bestimmte Rolle zu verkörpern.

Es ist an der Zeit zu erkennen, dass du einen Augenblick innehalten kannst, wenn Emotionen in dir hochkommen, um dir bewusstzumachen, wogegen du dich verteidigst, und dich stattdessen für die Liebe zu entscheiden, um die Angst zu heilen, die Triebkraft dieser Emotionen ist.

Lektion 15

Schuld als Abwehrstrategie

Wir benutzen Groll, Schuldzuweisungen und Urteile, um Schuld abzuwehren, aber wir benutzen auch Schuld, um uns gegen Veränderung zur Wehr zu setzen. Wenn wir uns davor fürchten, den nächsten Schritt zu gehen, zu wachsen oder uns weiterzuentwickeln, dann versuchen wir, unsere Angst vor Unzulänglichkeit mit Hilfe von Schuld zu verbergen. Chronische Schuld ist eine Abwehrstrategie gegen Gnade und gibt uns die Möglichkeit, unsere Trennung aufrechtzuerhalten. Schuld verbirgt Angst, und der Selbstangriff, der immer mit Schuld einhergeht, ist keine wirksame Abwehrstrategie, um zu verhindern, dass wir andere Menschen angreifen, denn Selbstangriff bedeutet immer, dass wir alle Menschen angreifen. Schuld bewirkt, dass wir uns zurückziehen, und Rückzug führt dazu, dass wir uns aufopfern. Ohne Verbundenheit ist das Leben härter, und wir opfern uns auf, weil wir nicht verbunden sind. Aufopferung kann Schuld nicht tilgen, versucht aber, sie zu kompensieren. Schuld errichtet die Mauer der Trennung, die das Ego benutzt, um andere Menschen aus- und uns selbst einzusperren. Unser Rückzug versagt uns Liebe und Freude. Er sorgt dafür, dass wir uns schinden müssen, um unsere Arbeit zu erledigen oder etwas zu erreichen. Er verhindert den Kontakt, in dem Erfolg möglich ist. Alle diese Dinge dienen dem Zweck, den Fortbestand des Egos durch die extrem zerstörerische Illusion der Schuld zu sichern. Wenn wir unsere Unschuld, unsere wahre geistige Wesensnatur erkennen würden, gäbe es keine Krankheit, kein Leiden und kein Problem. Es ist an der Zeit, unsere Schuld mit unserer Unschuld zu integrieren, denn eine Integration bewirkt, dass Illusionen fortfallen und negative in positive Energie verwandelt wird. Integration lässt ein noch höheres Maß an Unschuld zu, weil die Wahrheit die Illusion auslöscht und ihre Energie aufnimmt, um Ganzheit zu erschaffen.

Lektion 16

Verletztheit als Abwehrstrategie

Wenn Kommunikation stattfindet und du dich wegen etwas, das jemand zu dir gesagt hat, entweder verletzt oder schuldig fühlst, dann benutzt du diese Emotionen als Abwehrstrategie und als eine Möglichkeit, dich nicht ändern zu müssen. Vermutlich fühlst du dich durch das, was dir gesagt wurde, tatsächlich gekränkt, aber Gefühle der Verletztheit bedeuten, dass du eine Abwehrhaltung eingenommen und das, was gesagt wurde, zurückgewiesen hast. Du könntest es stattdessen annehmen und einfach integrieren oder es durch dich hindurchgehen lassen, so als ob du eine Wolke und kein Ego wärest. Du fühlst dich nicht schlecht wegen etwas, das so offensichtlich unwahr ist. Du glaubst es einfach nicht. Wenn du allerdings ein vergrabenes Selbstkonzept in dir trägst, das dafür sorgt, dass du glaubst, was über dich gesagt wurde, dann leistest du dem, was gesagt oder wie es gesagt wurde, Widerstand und fühlst dich verletzt. Wenn du dich nicht ändern willst, dann benutzt du Gefühle der Verletztheit als Ausrede, und du sorgst dafür, dass alles sich darum dreht, dass dich jemand verletzt hat. In einem solchen Fall ist es am besten, das, was gesagt wurde, einfach zu integrieren. Ob es wahr oder unwahr ist, spielt dann keine Rolle mehr. Integration vertieft deinen Frieden und vergrößert deine Ganzheit, und alles, was wahr ist, kann auf müheloseste Weise geändert werden. Alles, was unwahr ist, schmilzt durch Integration und schenkt dir mehr Energie und größere Ganzheit.

Ich habe mit Klienten gearbeitet, die ihren Schmerz blind und unbekümmert benutzten, um andere Menschen und sich selbst anzugreifen. Wenn ich sie mit ihrer „Masche" konfrontierte, waren sie verletzt und reagierten in hohem Maße abwehrend. Sie waren nicht bereit, sich mit ihrem Verhalten zu befassen, indem sie es einfach als Zeugen beobachteten. Ihre Projektion gaukelte ihnen vor, dass ich sie dadurch, dass ich ihnen ihr Verhalten bewusst machte, angriff, statt ihnen zu helfen. Wer derjenige ist, der zurückweist und trennt, lässt sich am sichersten daran erkennen, wer sich verletzt fühlt, denn du kannst dich nur verletzt fühlen, wenn du derjenige bist, der zurückweist und trennt. Dein Gefühl der Verletztheit lenkt dich von den Dingen ab, denen du Widerstand leistest. Das lähmt dich und unterbindet jeden Fluss. Das, was geschehen ist, anzunehmen, auch wenn es dir nicht gefällt, bringt dich in den Fluss zurück. Verletztheit rührt von Leugnung und von dem Widerstand her, der einem bösen Erwachen entspringt. Auch wenn das, was du leugnest und abwehrst, nicht wahr ist, verletzt es dich dennoch, wenn du ihm Widerstand leistest. Leugnung ist ein blinder Fleck, der nahezu immer dazu dient, dich bei einem Angriff zu schützen. Verletztheit und Herzensbruch weisen auf verlorene Verbundenheit hin, die du zerstört hast, obwohl du die Schuld auf einen anderen Menschen projizierst. Der Verlust der Verbundenheit hat sowohl Schmerz als auch Bedürftigkeit mit sich gebracht. Er verstärkt das Bedürfnis, das bereits da war, aber nicht erfüllt wurde. Verlorene Verbundenheit ist unabhängig von dem, was geschehen ist, die Folge eines gespaltenen Bewusstseins. Ein Teil von dir will Liebe, und der andere Teil will Unabhängigkeit. Das lässt den Schmerz entstehen, der durch Konflikte hervorgerufen wird. Verletztheit will die Kontrolle erlangen und versucht, deine Bedürfnisse durch emotionale Erpressung erfüllt zu bekommen: „Schau dir an, was du getan und wie sehr du mich verletzt hast! Du kümmerst dich nicht um mich. Du musst ein schlechter Mensch sein." Du benutzt die Geschichte dessen, was passiert ist, als Ausrede, um dich nicht ändern, den nächsten Schritt nicht gehen und dich somit deiner Angst vor Erfolg und Nähe nicht stellen zu müssen.

Lektion 17

Krankheit als Angst vor dem Erwachen

Krankheit ist Verzögerung, Ablenkung und Umweg. Wir haben Angst, uns zu ändern, und wir haben Angst, den nächsten Schritt zu gehen. Wir glauben, nicht das nötige Rüstzeug zu haben. Wir fühlen uns wohl, wo wir sind. Viele Menschen lehnen es ab, sich zu ändern, bis eine Grenze erreicht ist, an der das Unbehagen so groß wird, dass nur noch die Wahl zwischen Veränderung und Tod bleibt. Auf einer bestimmten Ebene ist der Tod die äußerste Weigerung, uns zu ändern, aber Veränderung ist der einzige Weg, ein Problem zu lösen, das durch einen Konflikt verursacht wurde. Jeder innere Konflikt und jeder Kampf mit anderen Menschen rührt von der Angst vor Veränderung her. Unsere Angst vor Veränderung wurzelt in unserer Angst vor dem Erwachen. Diese Angst vor dem Erwachen ist in erster Linie die Angst vor einem Paradigmenwechsel, da wir fürchten, dass unser Blick auf die Welt sich radikal verändert. Wir gehen jedoch durch Paradigmenwechsel nach Paradigmenwechsel, bis wir für die Erleuchtung bereit sind und die Welt mit einem Blick sehen, der frei von jeder Dualität ist. Von hier gehen wir weiter, bis wir den Zustand der Gottesverwirklichung oder des Einsseins erlangen. Dann haben wir die Reise unserer Seele hin zum reinen Geist und zur Verwirklichung des Selbst im Geist Gottes vollendet. In unserer Angst vor dem Erwachen halten wir im Strom des Lebens, der zunächst nur ein Rinnsal ist, deshalb an jedem nur denkbaren Ort so lange fest, bis er uns nicht mehr tragen kann. Dann treiben wir weiter, bis wir in einen Bach gelangen. Vom Bach geht es weiter in den Fluss und vom Fluss in den *Ozean des Seins*. Jeder Ort erfordert Loslassen und Vertrauen. Jeder Ort erfordert unsere Bereitschaft, immer weiter und tiefer ins Bewusstsein vorzudringen. Es ist die Reise der Seele auf dem Weg zur Erkenntnis des reinen Geistes und der unendlichen Liebe.

> Alle Formen von Krankheit, sogar bis zum Tod hin, sind körperliche Äußerungen der Angst vor dem Erwachen. Sie sind ein Versuch, den Schlaf aus Angst vor dem Erwachen zu verstärken.
>
> Ein Kurs in Wundern, Textbuch, Kapitel 8

Wenn du nicht den Wunsch verspürst, dein Problem oder deine Krankheit zu behalten, ist es an der Zeit, diesen Schlaf aufzugeben. Verpflichte dich deinem Erwachen. Wolle es von ganzem Herzen. Es gibt einen besseren Weg. Wolle den nächsten Paradigmenwechsel. Er steht bereit und wartet darauf, dass du bereit bist und deine Angst vor dem Erwachen überwindest.

Lektion 18

Anderen Menschen zu helfen stärkt deinen Selbstwert

Anderen Menschen zu helfen ist ein Akt der Liebe, und jeder Akt der Liebe erzeugt Selbstwert, weil er anderen Menschen einen Wert gibt. Alles, was wir an einem anderen Menschen verurteilen, haben wir auch an uns selbst bereits verurteilt, und es trägt zu unserer Selbstverurteilung bei. Was wir einem anderen Menschen jedoch geben, das geben wir auch uns selbst. Wenn wir also zu einem anderen Menschen hinausreichen, geben wir ihm damit die Botschaft, dass er es wert ist, und stärken gleichzeitig unseren eigenen Selbstwert. Einem anderen Menschen zu helfen erfüllt uns mit Freude, und dadurch, dass wir ihm helfen, halten wir uns für würdig, selbst Hilfe in Anspruch zu nehmen, wenn wir sie brauchen.

Wir sind fast jeden Tag dazu aufgerufen, einem anderen Menschen zu helfen, solange unser Ego diese Stimme nicht durch Selbstangriff und das Streben nach Nebensächlichkeiten übertönt, die unseren Selbstwert in Wahrheit herabsetzen. Anderen Menschen aufrichtig zu helfen ist eine der sinnvollsten Möglichkeiten, unsere Zeit zu verbringen, denn es eint unseren Geist und bringt auch Einheit in die Welt hinein. Unsere Investition in Kleinheit, die durch unser äußeres Streben unter Beweis gestellt wird, führt zu Enttäuschung und ist eine der Hauptursachen für Krankheit. Uns anderen Menschen zu öffnen ist dagegen hilfreich und unserer Gesundheit zuträglich.

Das Ego versucht, alles zu untergraben, was wirklich hilfreich ist. In diesem Fall versucht es, Geben in Aufopferung zu verwandeln, und macht es dadurch zu einer Rolle, die keiner authentischen Entscheidung, sondern einem Pflichtgefühl, Regeln oder moralischen Vorschriften entspringt. Dieses „ich sollte" verbirgt die Tatsache, dass wir uns selbst in das, was wir geben, nicht einbringen. Unechtes Geben und Formen des Gebens, die uns selbst nicht einschließen, können weder unseren eigenen Wert noch den Wert anderer Menschen stärken, sondern wollen nur konkurrieren und moralisch überlegen sein.

Nimm heute die Bitten um Hilfe wahr und gehe auf sie ein, indem du den betreffenden Menschen deine Liebe sendest oder, wenn du eine klare Botschaft erhältst, ihnen auf andere Weise hilfst. Sei den Menschen in deiner Umgebung heute eine wirkliche Hilfe, und genieße das gute Gefühl und die Liebe, die stets mit wahrem Geben verbunden ist.

Lektion 19

Ein Problem heilen, wenn es auftritt

Es gibt eine Möglichkeit, ein Problem dann zu heilen, wenn es auftritt. Die grundlegende Dynamik, die jedem Problem zugrunde liegt, besteht darin, dass du jedes schmerzhafte Ereignis benutzt, um dich zu trennen. Dieses Ereignis kann extrem schmerzhaft sein, und das lenkt dich von dem ab, was wirklich geschieht, nämlich der Tatsache, dass du es benutzt, um dich zu trennen. Der Schmerz und die Überzeugung, dass er dir von anderen Menschen zugefügt wird, rechtfertigt die Ausrede, dich zu trennen und die Schuldgefühle, die du deshalb empfindest, vor dir selbst zu verbergen. Trennung ist die Hauptursache von Schuld, und jedes Problem ist eine Form von Trennung, die von einem unerledigten Geschäft aus der Vergangenheit herrührt. Das jetzige Problem kann die Trennung vertiefen und das Gefühl, Opfer zu sein, weiter verstärken.

Es gibt jedoch eine Alternative, die nicht mit Leiden verbunden ist. Die erste Voraussetzung besteht darin, dich einem Weg der Heilung zu verpflichten. Wenn du weißt, dass alles der Heilung dient, ist ein Problem nur eine Sache, mit der du dich auf diesem Weg befassen musst. Deine Wahrnehmung hilft dir, dich daran zu erinnern, dass alles, was geschieht, der Heilung und nicht der Trennung oder dem Leiden dient. Deine Entscheidung besteht nicht nur darin, deine Emotionen zu fühlen, sondern auch darin, sie zu heilen und die Trennung zu überbrücken. Wenn du erkennst, dass die anderen an dem Ereignis beteiligten Menschen den Schmerz, den du empfindest, ebenso, aber womöglich auf einer nicht sichtbaren Ebene empfinden, wird es einfacher für dich, eine innere Beziehung herzustellen und Mitgefühl zu empfinden. Dies ist ein ungleich besserer Weg, denn du musst dich weder lossagen noch leiden, damit du es tun kannst.

Wenn du erkennst, dass die Menschen, die scheinbar dafür gesorgt haben, dass du leidest, ebenfalls leiden, kannst du ihnen helfen und durch dein Geben deinen eigenen Schmerz lindern. Dies ist nicht nur Heilung, sondern – wie alles Geben – auch ein Akt der Liebe. Dieses Geben kann ein Vergeben sein. Es kann die Entscheidung sein, deine Wahrnehmung der Situation und damit auch deine Erfahrung zu ändern und mit Frieden zu erfüllen. Den folgenden, einfachen Satz der Heilung kannst du unablässig wiederholen. Nimm wahr, ob deine Emotionen oder dein Blick auf das Ereignis sich nach jeder Wiederholung verändert haben: „Ich könnte stattdessen Frieden sehen." Du kannst auch wiederholen: „Ich will vergeben, und dieses wird verschwinden."

Wenn deine Erfahrung sich nach der siebten Wiederholung mit der festen Absicht, Heilung zu erlangen, nicht verändert hat, ist dies ein Zeichen dafür, dass du an deinem Problem festhältst und dich nicht ändern willst, weil du dich davor fürchtest. Wozu benutzt du dieses Problem? Auf welche Weise dient es dir? Ein positives Zeichen ist es dagegen, wenn das Gefühl des Schmerzes sich nach den ersten

Wiederholungen deutlich verstärkt. Du hast Zugang zu einer unbewussten Emotion gefunden, und die Wiederholung dieser Worte klärt sie ganz mühelos Schicht um Schicht.

Die beiden obigen Sätze stammen aus *Ein Kurs in Wundern*, und wenn du mit deiner festen Absicht, deinem Geist und deinem Herzen dahinterstehst, sind beide imstande, die Zwiebel – Schicht um Schicht – zu schälen. Auf diese Weise kann ein Ereignis, das zu einer Verstimmung geführt hätte, rasch in Frieden und neue Ganzheit verwandelt werden. Damit es dir noch müheloser gelingt, kannst du auch den Himmel um Hilfe bitten.

Lektion 20

Heilung betrifft immer die Vergangenheit

Heilung meint immer die Heilung der Vergangenheit. Jeder ungeheilte Ort, an dem du dich getrennt hast, und jeder ungeheilte Ort, an dem deine Vorfahren sich getrennt haben, steht in der Gegenwart ungeheilt zwischen dir und deinem Partner. Zum Glück kommen diese Dinge nicht alle gleichzeitig in dir hoch, denn sie würden dich erdrücken. Wenn sie jedoch hochkommen, stärkst du entweder dein Ego und vertiefst die Trennung, oder du entscheidest dich für die Liebe und öffnest ungeachtet des karmischen Schmerzes dein Herz. Wenn du die Lektion lernst, damit der Schmerz heilen kann, hast du deiner Beziehung ein höheres Maß an Stabilität und ein festeres Fundament gegeben. Du richtest dich in stärkerem Maße auf Vergebung, Verbindung, Freundschaft und die Bereitschaft aus, alles zu heilen, was hochkommt, um deinen inneren Frieden zu bewahren oder ihn zu erreichen.

Du zerrst die Vergangenheit in die Gegenwart. Die Frage ist allerdings, ob du selbstgerecht wirst und für dein Ego kämpfst oder ob du dich verpflichtest, die Trennungen der Vergangenheit, die sich in der Gegenwart als Schmerz zeigen, zu heilen und allen Menschen – auch dir selbst – immer wieder zu vergeben, bis du wieder frei, glücklich und von Frieden erfüllt bist.

Triffst du dieses Mal die richtige Entscheidung? Verpflichtest du dich, dich mit einem anderen Menschen von Geist zu Geist zu verbinden, damit die Distanz zwischen euch fortfällt und die Harmonie zwischen euch wiederhergestellt wird? Zeige Mut, wenn es um deine Emotionen geht, und erlaube deinen Bedürfnissen nicht, dich zu drangsalieren. Nur die Liebe kann dich erfüllen. Deine Bedürfnisse sind verlorene Verbundenheit. Sie rühren aus der Vergangenheit her und weisen auf einen Ort hin, an dem dein Bewusstsein gespalten ist, wenn es darum geht, das zu empfangen, was du zur Erfüllung deiner Bedürfnisse brauchst. Du willst es, fürchtest dich aber vor der Unabhängigkeit, die Bedürfnisse verbergen. Du wirst von der Tyrannei deiner Bedürfnisse befreit, wenn du trotz der alten Spaltungen und des damit verbundenen Unbehagens gibst. Sobald eine Verstimmung aus der Vergangenheit hochkommt, wirst du aus deiner Mitte geworfen und neigst dazu, deinem Partner oder den Menschen in deiner direkten Umgebung ihr Verhalten vorzuwerfen. Was deiner Vergebung bedarf, ist jedoch dein eigenes Verhalten in der Vergangenheit, *das die Menschen in deiner Umgebung jetzt ausagieren.* Es kann passieren, dass eine unbewusste, aus vielen hundert Schichten bestehende Ebene hochkommt, die der Heilung bedarf, aber jeder Akt der Vergebung und der Selbstvergebung befreit dich Schicht um Schicht von der Vergangenheit, bis du bei einem Gefühl des Friedens und dann der Freude ankommst. Verliere dein Ziel in Beziehungen nicht aus den Augen. Es besteht in Ganzheit, die zum Glücklichsein führt, und du bist aufgefordert, sie zu geben. Auf diese Weise lernst du, dass die Menschen in deiner Umgebung und insbesondere dein

Partner nicht die Quelle deines Glücks sind. Sie dazu bringen zu wollen, dich glücklich zu machen, heißt also, dass du weder ihnen noch dir selbst gibst. Du trägst die Quelle in dir. Der Weg zu einem noch höheren Maß an Zentriertheit liegt in dir. Du trägst Gott in deinem Herzen. Was du von der Welt und von deinem Partner bekommen willst, kann dich nur enttäuschen. Dein Versuch, alle möglichen Dinge zu bekommen, rührt von jeder Trennung her, die du in der Maske des Opfers herbeigeführt hast. Das Ausmaß, in dem du Opfer bist, entspricht dem Ausmaß deines Bedürfnisses. Was du aus dir heraus gibst und empfängst, nährt dich und öffnet die Tür, die zu deinem Partner, zu anderen Menschen und zum Leben führt. Altes Karma ist alles, was zwischen dir und allen anderen Menschen steht. Vergib der Vergangenheit und lasse sie los. Sie bleibt nur so lange, wie du es willst.

Lektion 21

Die Beziehungsfalle

Wenn sie richtig genutzt werden, können Beziehungen der schnellste Weg zu spirituellem Wachstum sein. Wie kommt es also, dass sie dich viele Monate oder Jahre und manchmal sogar ein ganzes Leben lang gefangen halten können? An jedem Ort, der eine Möglichkeit zur Transformation oder Transzendenz bietet, setzt das Ego ein Täuschungsmanöver in Gang. Ständig bringt es den Wegweiser zum Himmel über der Tür zur Hölle an und den Wegweiser zur Hölle über der Tür zum Himmel.

Das Ego macht Liebe zu Aufopferung. Es lässt Verschmelzung aussehen wie Verbindung, flüstert dir Besitzanspruch anstelle von Partnerschaft ein, macht dich von einem Gastgeber Gottes zur Geisel und zum Sklaven seiner selbst. Es erklärt dir, dass Verpflichtung den Verlust von Freiheit bedeutet.

Es ist daher von entscheidender Bedeutung, wie du deine Beziehung nutzt. Nutzt du sie als Werkzeug, um Liebe, Glück und Heilung zu finden? Oder benutzt du sie, um deinem Ego einen Thron zu errichten, indem du von deinem Partner forderst, dass er alle deine Bedürfnisse erfüllt, um deine Vergangenheit und ihre Verluste wiedergutzumachen? Wenn du deine Beziehung missbrauchst, misst du entweder deinem Partner einen zu geringen Wert oder deinen Bedürfnissen und deinem Schmerz einen größeren Wert bei. Vielleicht versuchst du auch, deinen Partner zur Quelle deines Glücks zu machen, willst ihn verschlingen und besitzen, um deine innere Leere zu füllen.

Wenn du deine Beziehung richtig nutzt, wird sie zum Werkzeug, das es dir ermöglicht, dich zu verbinden, Liebe zu erfahren, zu vergeben, dich von Geist zu Geist mit deinem Partner zu vereinen, Frieden zu bringen, Ganzheit zu erlangen und dadurch zu einem höheren Maß an Verstehen zu finden. Du fühlst dich frei, denn Freiheit rührt von Verbundenheit und nicht von Trennung her. Eine noch tiefere Einheit mit einem anderen Menschen ruft die himmlischen Heerscharen herbei. Flüchtige Einblicke in die Zeitlosigkeit werden dir gewährt, wenn du dich verpflichtest, deine Beziehung zur Heilung zu nutzen, denn dann wird sie zu einer Himmelsleiter und zum Fundament eines goldenen Lebens von großer Strahlkraft. Durch die Verbindung mit deinem Partner entsteht aus eurer Beziehung heraus eine Himmelsbrücke, die Licht in die Dunkelheit bringt. Wenn Schmerz allerdings nicht genutzt wird, um Heilung zu erlangen, sondern nur der Selbstgerechtigkeit und der Rache dient, dann wirst du umso mehr leiden. Tappe nicht in die Falle der Beziehungsverschwörung, die zu den besten Gerätschaften des Egos gehört, um dich abzulenken, denn deine Beziehung kann das Instrument sein, das dein Wachstum beschleunigt und deine Liebe vertieft.

Lektion 22

Die besondere Beziehung

Das Ego macht eine Beziehung besonders, um die Macht zu zerstören, die sie besitzt, wenn es darum geht, Ganzheit zu erlangen und dir eine Erfahrung des Himmels auf Erden zu ermöglichen. Jede Beziehung beginnt als eine besondere Beziehung. Du fühlst dich von einem anderen Menschen angezogen. Du glaubst, er könne dir etwas geben, das du brauchst. Anziehung rührt von Bedürftigkeit her, während ein Strahlen von dir ausgeht, wenn du nichts brauchst und nur den Wunsch hast, deine Fülle zu teilen.

Überall dort, wo du andere Menschen brauchst und benutzen willst, bist du aufgerufen, deine Beziehungen zu transformieren. Verwandle sie in Beziehungen, in denen du dich in der Liebe des Gebens und Empfangens verbindest. Dadurch ändert sich das Ziel der Beziehung. Es liegt nicht mehr darin, deine Bedürfnisse zu erfüllen, sondern darin, deine Gaben hinzugeben und Ganzheit zu erlangen. Diese Richtungsänderung hat eine Phase des Übergangs zur Folge, weil das Ziel und die Form der Beziehung nun im Widerspruch zueinander stehen. Wenn du zuversichtlich bleibst, dich auf den Wunsch nach Ganzheit ausrichtest und dich diesem Ziel immer wieder verpflichtest, verändert sich die Beziehung jedoch, und Frieden tritt an die Stelle von Konflikt und Leblosigkeit.

In einer besonderen Beziehung machst du den weit verbreiteten Fehler, zu glauben, dein Partner sei da, um dich glücklich zu machen, statt zu erkennen, dass ihr beide da seid, um euer Glück zu teilen. Wenn du deinen Partner beherrschst, ihn durch Schuld und andere Formen emotionaler Erpressung kontrollierst oder zum Sklaven deines Körpers machst, dann glaubst du, ihn benutzen zu können, damit er dich glücklich macht, dein Bedürfnis nach Sicherheit erfüllt, deine Regeln in Bezug auf Partnerschaft und Beziehungen befolgt und generell eine nützliche Ergänzung in deinem Leben ist. Du strebst nach einer Beziehung mit jemandem, der den Anteil deiner selbst verkörpert, den du aufgegeben hast, denn das, was in dir selbst fehlt, übt eine anziehende Wirkung auf dich aus. Du glaubtest, mit bestimmten Charaktereigenschaften in deiner Familie nicht überleben zu können, und hast die Entscheidung getroffen, diese Anteile deiner selbst aufzugeben. Als erwachsener Mensch begegnest du nun jemandem, der hat, was dir fehlt, und es hat den Anschein, als sei die Beziehung im Himmel geschlossen worden. Wenn ihr das Stadium der Verliebtheit jedoch hinter euch gelassen und das Stadium des Machtkampfs erreicht habt, beginnt die wirkliche Arbeit. Dann verstrickst du dich entweder in Kampf und Flucht, oder du triffst die Entscheidung, eure Differenzen zu benutzen, um Heilung zu erlangen. Hier kommen deine Abwehrmechanismen gegen den Anteil deines Bewusstseins in dir hoch, den dein Partner verkörpert. Du spürst Angst, Bedürftigkeit und Trennung, aber der Gedanke, dich mit deinem Partner zu verbinden, ist bedrohlich, weil du wie in deiner Kindheit glaubst, dann nicht überleben zu können.

Dein Ego rät dir, getrennt zu bleiben und, damit du deine Unabhängigkeit bewahren und deine Bedürfnisse dennoch erfüllt bekommen kannst, von deinem Partner zu nehmen oder zu bekommen. Auch wenn du damit erfolgreich wärest, würde es dir keine Zufriedenheit bringen, weil nur Verbundenheit und die Liebe, die von ihr herrührt, dazu in der Lage sind. Obwohl dieser Akt der Heilung deine Beziehung auf ein neues, besseres Fundament stellen würde, bleiben noch viele Schritte zu gehen. Wenn deine Bedürfnisse in einer besonderen Beziehung nicht erfüllt werden, schlägt das Ego vor, sie durch eine neue Beziehung zu ersetzen, indem du deinen Partner gegen einen anderen, „besseren" Partner eintauschst oder zumindest jemanden findest, den du für die Bedürfnisse benutzen kannst, die in deiner jetzigen Beziehung nicht erfüllt werden. Möglicherweise schlägt es dir auch vor, deine Bedürfnisse mit Hilfe von Phantasievorstellungen zu erfüllen, weil die Regeln in einer besonderen Beziehung für den Körper, nicht aber für den Geist gelten. Es gibt Regeln der Ausschließlichkeit für den Körper, aber der Geist kann frei umherstreifen. Besondere Beziehungen sind ausschließlich und von einem hohen Maß an Eifersucht bestimmt.

Wenn deine Beziehungen von Problemen, Ersatzbefriedigung oder Verlust geprägt sind, kann es passieren, dass du von ihnen besessen wirst oder monate- und oft sogar jahrelang an ihnen festhältst. Darin besteht der Zweck besonderer Beziehungen: besessen sein und leiden, aber niemals Heilung erlangen, erfüllen und erfüllt werden. Du selbst trägst nach wie vor die Verantwortung für das, was du in dein Unterbewusstsein verbannt hast. Wenn eine Beziehung von Glück und Heilung abgeschnitten ist und nicht als Werkzeug der Transformation dient, wird sie zur besten

Waffe, die das Ego hat, wenn es darum geht, dich aufzuhalten, auf Umwege zu schicken und abzulenken. Dies ist die Auswirkung, die Besonderheit auf eine Beziehung hat.

Wenn du jedoch nach der Wahrheit strebst, dass nämlich deine Beziehung dazu dient, Heilung, Glück und immer tiefere Liebe zu erlangen, dann schenkt sie dir ein noch höheres Maß an Glück. Es ist an der Zeit, dich der Wahrheit in deinen Beziehungen zu verpflichten, weil Wahrheit und Vertrauen dir Ganzheit und Frieden schenken.

Lektion 23

Finde bei einem Kampf dein Vertrauen

Ein Kampf ruft immer Angst hervor, ganz gleich, ob er in Form eines offenen Angriffs oder in Form von Rückzug ausgetragen wird. Ein Kampf wird aber auch durch Angst hervorgerufen. Wenn du Angst hast, fühlst du dich unzulänglich und schwach. Du hast das Gefühl, dass du eine Ausrede brauchst, um den nächsten Schritt nicht gehen zu müssen. Wenn du ihn gehst, löst deine Angst sich jedoch auf, weil du dich dem stellst, was du fürchtest. Alles kann dir die Ausrede liefern, die du brauchst, um den nächsten Schritt nicht zu gehen: Probleme, Krankheiten, Opfersituationen oder ein Kampf.

Bei einem Kampf benutzt du deinen Gegner, um den nächsten Schritt nicht gehen zu müssen, denn ein Kampf hält dich auf. Umgekehrt benutzt dein Gegner dich gleichfalls, um seinen nächsten Schritt hin zu einer neuen Stufe des Erfolges nicht gehen zu müssen, weil er befürchtet, nicht damit umgehen zu können. Ihr habt beide euer Vertrauen verloren, und ohne Vertrauen gibt es weder Wahrheit noch Frieden. Du hast das Vertrauen in die Menschen verloren, mit denen du dich in einem Machtkampf befindest. Du hast das Vertrauen in den Himmel und in dich selbst verloren.

Wenn das Vertrauen verloren geht, beginnt der Machtkampf. Vertrauen ist eine Form von Liebe, weil es eine Form des Gebens ist. Es bedeutet, die Kraft des Geistes in eine positive Richtung zu lenken. Es bedeutet, Vertrauen in dich selbst und in den anderen zu haben, wenn es darum geht, den nächsten Schritt zu gehen, und es bedeutet, Vertrauen in den Himmel zu haben, dass er dir seine Unterstützung gewährt und vollbringt, was vollbracht werden muss. Angst lähmt dich und macht dich kleiner, und du nimmst den anderen durch die Brille deiner Vergangenheit als finstere Gestalt wahr. Es ist deine Entscheidung, ob du in Vertrauen, Liebe und Wahrheit oder in Angst, Urteil und Selbstgerechtigkeit investieren willst.

Betrachte nun jeden Streit, jeden Machtkampf und alle Probleme als etwas, das durch Angst genährt wird. Ist es wirklich das, was du willst – dich von deiner Angst tyrannisieren lassen? Du kannst jetzt eine neue Entscheidung treffen. Deine Bereitschaft verändert alles. Deine Entscheidung für die Liebe und die Wahrheit gibt dir Macht. Vertrauen in einen anderen Menschen zu haben heißt, darauf zu vertrauen, dass er sich von seiner besten Seite zeigt und aus der Wahrheit heraus handelt. Wenn du Vertrauen hast, dann besitzt du Zuversicht. Das englische Wort „confidence" (Zuversicht) ist von dem lateinischen Begriff „con fides" abgeleitet, der übersetzt „mit Vertrauen" bedeutet. Vertrauen bringt dich über deine Angst hinaus zu einer positiven Zukunft voran.

Lektion 24

Besondere Beziehungen und Emotionen

Besondere Beziehungen benutzen Emotionen, um unter Druck zu setzen, zu erpressen und Aufmerksamkeit zu erlangen. Mit Hilfe dieser Emotionen willst du deine Bedürfnisse erfüllt bekommen und deinen Partner kontrollieren. In einer Beziehung, die sich der Ganzheit verschrieben hat, werden Emotionen benutzt, um zu erkennen, was der Heilung bedarf, und dann eingesetzt, um die Heilung zu bewirken.

In einer besonderen Beziehung werden Emotionen zu Waffen, während sie in einer „heiligen" Beziehung, die sich der Ganzheit verschrieben hat, sowohl zu dem werden, was der Heilung bedarf, als auch zum Werkzeug der Heilung selbst. Sie dienen als Brücken, um dich mit deinem Partner zu verbinden, und nicht als Ausrede, um dich von deinem Partner loszusagen, weil er dich enttäuscht oder sich dir gegenüber negativ verhalten hat. Verbindung erlaubt es deinem Partner, Frieden und Ganzheit wiederzufinden. In einer besonderen Beziehung werden Emotionen benutzt, um dem Licht den Rücken zu kehren, die Tür zu verschließen und eine Geschichte der Widerborstigkeit zu erzählen. Wenn du deine Emotionen richtig einsetzt, entdeckst du mit ihrer Hilfe das, was du verborgen und worüber du dich selbst getäuscht hast. In dem Maße, in dem deine Emotionen ans Licht gebracht werden, werden sie aufgelöst. Damit öffnest du die Tür zum Leben, zu deinem Partner und zum Himmel. Damit wendest du dich von deiner heimlichen falschen Einstellung und deiner Widerborstigkeit ab. Damit werden die Emotionen aufgelöst, die die Spaltung deines Bewusstseins aufrechterhalten haben, und es findet eine natürliche Bewegung zu größerer Einheit statt, die dein Bewusstsein erhöht, deinen Geist still werden lässt und dir ein neues Maß an Frieden bringt, der das Fundament der Liebe, des Wohlstandes, der Gesundheit und des Glücks in deinem Leben ist.

Deine Emotionen bauen auf oder zerstören. Die Entscheidung triffst immer du. Daran, wie du deine Emotionen einsetzt, kannst du erkennen, ob du dich für Reife und Heilung oder für die besondere Beziehung und dafür entschieden hast, dass sich alles um dich drehen muss.

Welches Ziel hast du, wenn es um deine Emotionen, deine Beziehungen und dein Leben geht? Was willst du?

Lektion 25

Ausreden

Die meisten Menschen tragen ein hohes Maß an Selbstangriff in sich. Bei manchen ist es stärker, bei anderen weniger stark ausgeprägt. Opfersituationen und Probleme sind Formen von Selbstangriff. Wenn du Schuld, Versagen und die Illusionen, mit denen du sie nährst, ebenfalls zu den Aspekten des Selbstangriffs zählst, trägst du eine ganze Reihe selbstzerstörerischer Verhaltensweisen in dir, die dafür sorgen, dass du in Richtung Tod gehst.

Alle diese Aspekte haben eine Gemeinsamkeit. Sie dienen als Grund dafür, den nächsten Schritt nicht zu gehen. Wenn du dich beispielsweise wegen einer Sache schuldig fühlst, dann geißelst du dich zwar, bist aber nicht bereit, dich zu ändern oder deinen Kurs zu korrigieren.

Aufopferung funktioniert nicht anders. Du passt dich an eine Situation an, statt sie zu ändern. Du machst Kompromisse und trittst auf der Stelle, ohne eine Lösung zu finden oder Transformation zu bewirken. Du greifst dich selbst an, weil es dir die Möglichkeit gibt, in einer Situation stecken zu bleiben, obwohl du die Verantwortung dafür übernehmen und sie dann sofort in die Hände des Himmels legen könntest, damit er sie für dich transformiert.

Wenn du also wieder einmal versucht bist, dich schuldig

zu fühlen oder dich selbst anzugreifen, weil du eine Ausrede brauchst, um dich nicht ändern oder eine Situation nicht verbessern zu müssen, dann triff Entscheidungen, die dich, dein Leben und die Menschen, die du liebst, voranbringen. Entscheide dich dafür, jede Wahrnehmung, jedes Problem und jedes Urteil aufzugeben, denn sie alle führen zu Selbstangriff und du benutzt sie als Ausrede, um nicht vortreten und deinen Platz im Leben einnehmen zu müssen.

Lektion 26

Emotionale Eigenverantwortung und spirituelle Heilung

Eines der wichtigsten Prinzipien zur Heilung von emotionalem Schmerz ist zugleich auch eines der einfachsten. Wenn du die volle Verantwortung für deine Emotionen und deine Situation übernehmen kannst, kannst du sie anschließend dem Himmel übergeben, damit er sie für dich transformiert. Dies geschieht häufig innerhalb von wenigen Minuten. Was schmerzhaft war, kann in Frieden und ein Gefühl des Wohlbefindens verwandelt werden.

Wenn du erkennst, dass deine Emotionen von dir selbst und nicht von etwas außerhalb deiner selbst hervorgerufen werden, dann bist du wieder bei einem der ersten Prinzipien emotionaler Reife angekommen. Emotionen werden aus der Vergangenheit übernommen, weil sie noch nicht geheilt wurden. Eine Emotion kommt wieder in dir hoch, weil du sie in irgendeiner Form benutzt, um dir einen Vorteil zu verschaffen. Wozu benutzt du die Emotion? Was versuchst du mit ihrer Hilfe zu bekommen? Auf welche Weise dient sie dir? Welche Ausrede liefert sie dir? Was ermöglicht sie dir zu tun? Diese Fragen helfen dir, die Verantwortung zu übernehmen, denn wenn du Verantwortung übernehmen kannst, kannst du die Emotion gemeinsam mit der Angst, die sich darunter verbirgt, in die Hände des Himmels legen, damit sie rasch aufgelöst wird. Der Himmel ist auf deiner Seite. Er möchte dir helfen, dein gespaltenes Bewusstsein und die damit verbundenen Ängste und Emotionen zu heilen, die dich daran hindern, den nächsten Schritt zu gehen. Du gehst weiter, bis du schließlich im Hier und Jetzt ankommst, in dem die Gegenwart sich zur Ewigkeit hin öffnet. Der Himmel ruft dich zur Liebe und zum Einssein zurück. Er will dir helfen, die Emotionen und die Illusionen, die dich aufhalten, zu überwinden. Nimm seine Hilfe in Anspruch.

Lektion 27

Weise bei einem Kampf deinem Gegner keine Rollen zu

Weise bei einem Kampf deinem Gegner keine Rollen zu. Rollen sind Regeln, die du für dich selbst und für andere Menschen aufstellst. Ein Kampf zeigt, dass du Rollen zugewiesen und Regeln diktiert hast, denen ein anderer Mensch nicht gerecht wird. Das ärgert dich, weil du willst, dass er ebenso Rollen spielt und sich aufopfert, wie du Rollen spielst und dich aufopferst. Dein Ärger verbirgt jedoch einen Ort, an dem dein Bewusstsein gespalten ist.

Du hast für deinen Gegner auch Rollen ausgewählt, die auf tieferen Ebenen verborgen liegen. Genau diese unterbewussten Rollen, die du ihm zugewiesen hast, agiert er mit seinem Verhalten aus. Mit diesen unterbewussten Rollen gibt er dir durch sein negatives Verhalten die Möglichkeit, eine bestimmte Form des Schwelgens aufrechtzuerhalten, Recht zu haben, dafür zu sorgen, dass sich alles um dich dreht, und dich deiner Angst vor Nähe, Erfolg und deiner Lebensaufgabe nicht stellen zu müssen. Das hat zur Folge, dass du noch unabhängiger wirst, dich versteckst, versuchst, eine Schuld zu tilgen, vor deiner Lebensaufgabe und deiner Bestimmung davonläufst, Mauern gegen Gott errichtest, Kontrolle übernimmst und versuchst, andere Menschen zu beherrschen. Wenn du sowohl bewusst als auch unterbewusst aufhören kannst, einem anderen Menschen widersprüchliche Rollen zuzuweisen, seid ihr beide frei.

Lektion 28

Was dir angetan wird

Wenn du alle Aspekte deines Bewusstseins sehen könntest, dann würdest du erkennen, dass alle negativen Dinge, die dir jemals widerfahren sind, unwahr sind und durch Heilung zur Wahrheit gebracht werden können. Was dir angetan wurde, geht auf etwas zurück, das zeitlich vor diesem Vorfall lag. Es ist eine alte, nicht abgeschlossene Angelegenheit, die sich in anderer Form erneut gezeigt hat, damit die Lektion gelernt und Ganzheit erreicht werden kann. Was dir angetan wird, ist in Wahrheit die dunkle Vergangenheit, die erneut in Erscheinung tritt. Sowohl sie als auch alle daran beteiligten Menschen verdienen deine Vergebung. Dies bringt dich der Wahrheit noch näher, sodass die Illusion aufgelöst und der Frieden wiederhergestellt wird. Wenn du erkennst, dass das, was geschieht, aus der Vergangenheit herrührt, dann weißt du, dass es nicht nur „mieses Karma" ist, sondern der Heilung dient, damit du auf einen besseren Weg gelangen kannst. Wenn du wirklich gegenwärtig wärest, würdest du Glück und Frieden erfahren. Alle Projektionen über die Zukunft, die du aus der Vergangenheit in die Zukunft zerrst, würden fortfallen. Aus. Vorbei. Die Vergangenheit würde nicht benutzt, weil deine Angst vor der Liebe mit ihrer dunklen Illusion die Gegenwart außer Kraft setzt.

Wenn du noch tiefer in dein Bewusstsein hineinschauen könntest, würdest du auch etwas erkennen, das du vor dir selbst verborgen hast: Alles bist du. Das heißt mit anderen Worten, dass das, was geschehen ist, deine Entscheidung war, um vor der Liebe und vor der allumfassenden Liebe des Himmels davonzulaufen, weil du Angst davor hattest, dein kleines Selbst im Ozean der Liebe zu verlieren. In dem Maße, in dem deine Begabtheit und dein Erfolg wachsen, würdest du die Kontrolle verlieren. Wenn du tiefer schauen würdest, dann würdest du erkennen, dass alles, was geschehen ist, deine eigene Entscheidung war und geschehen ist, weil du in dein Ego investiert und auf seinen Ratschlag gehört hast, statt auf dein höheres Bewusstsein, das mit dem Himmel selbst verbunden ist. Du hast falsche Prioritäten gesetzt. Du hattest illusorische Bedürfnisse, von denen du glaubtest, sie außerhalb deiner selbst befriedigen zu können. Selbst wenn es dir gelungen wäre, hätten sie dich niemals glücklich gemacht.

Wenn du tief in dich hineinschauen würdest, dann würdest du feststellen, dass du selbst die Geschichte deines Lebens schreibst und dass sie viele dunkle Drehbücher birgt, zu denen unter anderem Geschichten des Herzensbruchs, der Schuld, der Angst, der Aufopferung, der Tragödie, der Rache und der Kreuzigung gehören. Du selbst bist auch der Autor deiner chronischen Probleme und deiner Verschwörungen gegen dich selbst. Deine Hauptgeschichte macht dich in deiner Vorstellung natürlich zu einem Helden, zu einer Legende, die einem unglücklichen Opfer entsprungen ist. Wenn du tief genug gräbst, dann wirst du feststellen, dass dir überall dort negative Dinge widerfahren sind, wo du ein „unschuldiges Opfer“ warst und jemand dir gegenüber eine unverzeihliche Sünde begangen hat. Wenn du deinen Blick jedoch auf eine noch tiefere Ebene richten würdest, dann würdest du sehen, dass du alles, was geschehen ist, benutzt hast, um etwas zu verstecken, das in deinen Augen eine unverzeihliche Sünde war, die du selbst begangen hast. Groll schreibt Trennung fest, die zu den Hauptwurzeln aller Probleme gehört und die der Grund dafür ist, dass du auf der Stelle trittst. Wenn du die gesamte Tiefe deines Geistes bis hin zu deiner wahren geistigen Wesensnatur sehen könntest, dann würdest du erkennen, dass Schuld ein großer Scherz ist. Kein Scherz ist es allerdings, wie du dich selbst und andere Menschen für deine Schuld bestrafst. Du würdest sehen, dass dir in Wahrheit niemals etwas Schlimmes widerfahren kann, solange du nicht versuchst, eine Schuld für etwas zu tilgen, das lediglich ein Fehler war. Du hast diesen Fehler benutzt, um dich davor zu schützen, den nächsten Schritt gehen und dich deiner Angst – vor allem deiner Angst vor der Liebe – stellen zu müssen.

Du benutzt Schuld, um eine Verteidigungsfestung zu errichten, die dich vor der Liebe Gottes schützen soll, von der du fürchtest, sie könne dich aus deinem kleinen Selbst heraus- und ins Einssein zurückbefördern. Jedes Problem, das du hast, zeigt dein gespaltenes Bewusstsein. Diese Spaltung ist entstanden, weil du die Verbundenheit zerstört hast, um dich verstecken, deinen eigenen Weg gehen und vorgeben zu können, dass du unabhängig bist. Jedes äußere Problem zeigt eine Niederlage, die noch immer in dir steckt, etwas, das nach Heilung verlangt. Es ist eine Angst vor dem nächsten Schritt. Es zeigt, dass du zwei gegensätzliche Dinge willst. Du willst dein positives Ziel erreichen, gleichzeitig aber unabhängig sein, damit du deinen eigenen Weg gehen kannst. Das führt dazu, dass du hart arbeiten musst, um deine Ziele zu erreichen. „Du bekommst nie genug von dem, was du in Wirklichkeit nicht willst." Dieses Sprichwort drückt aus, was in deinem Unterbewusstsein vorgeht, und zeigt, welche Wirkung die Spaltung, die deinem bewussten Wollen entgegensteht, auf dich hat.

Wenn du tief in dein Bewusstsein hineinschauen würdest, dann würdest du sehen, dass jeder, der sich dir gegenüber in irgendeiner Weise lieblos verhalten hat, dies auf dein Geheiß getan hat, und dass du glaubtest, einen bestimmten Nutzen daraus ziehen zu können. Du würdest auch erkennen, dass er ein direktes Spiegelbild bestimmter Selbstkonzepte ist, die du auf den tieferen Ebenen deines Bewusstseins in dir trägst. Du lernst, dass jeder äußere Konflikt in Wahrheit ein innerer Konflikt ist und deine eigenen Selbstkonzepte zeigt, die du nach außen projiziert hast. Jemand, der dich angreift, steht für ein inneres Selbstkonzept, mit dem du dich in geringerem Maße identifiziert oder das du tiefer verdrängt hast. Du greifst immer nur dich selbst an. Jeder, der dich angreift, verkörpert deinen Angriff auf dich selbst. Es ist einfach, einen Groll gegen denjenigen zu hegen, der dich angreift, und nicht zu erkennen, dass es sich um einen Angriff handelt, den du gegen dich selbst geführt hast. Du erkennst nicht, dass du andere Menschen als Auslöser deines Schmerzes benutzt hast, statt ihnen zu helfen, wie du es auf einer Seelenebene versprochen hast. Das Drama, das abläuft, soll dich von dem Grund ablenken, aus dem du dich selbst angreifst und einen anderen Menschen benutzt, um den Angriff auszuführen, während du deine Schuld in dir verbirgst. Jeder, der dich angreift, agiert dein eigenes früheres Verhalten aus. Das Muster kann aus der Tiefe deines Bewusstseins kommen, auf einer Ahnenebene an dich weitergegeben worden sein oder von einem früheren Leben – einem inneren Seelendrehbuch – herrühren.

Du erkennst allmählich, dass auf der tiefsten Ebene des

Bewusstseins alles ein Traum ist, und wie deine Schlafträume sind auch deine Wachträume nichts anderes als Wunscherfüllung.

Alle Selbstkonzepte – sogar die Schattenfiguren – wollen ihre Bedürfnisse erfüllt haben und das erreichen, was ihnen wichtig ist. Die Welt ist ein riesiger Spiegel, der dir dich selbst zeigt. Wenn du vergibst, dann vergibst du dir selbst und entlässt deine eigenen Selbstkonzepte wieder in die Ganzheit. Jeder Mensch trägt viele zehntausend und auf kollektiven Ebenen sogar viele Milliarden solcher Selbstkonzepte in sich.

> Alles, was du tust, tust du dir selbst an.
> Alles, was dir angetan wird, tust du ebenfalls dir selbst an.
> Alles, was dir angetan wird, ist das, was du anderen Menschen angetan zu haben glaubst.
> Immer wenn du dich mit einem anderen Menschen verbindest und ihn segnest, statt ihn zu verurteilen, verbindest du dich mit dir selbst, segnest und vergibst dir selbst.

Bei einem Angriff kannst du dir folgende Fragen stellen:

1. Warum jetzt?
2. Wovon will ich mich ablenken?
3. Lenke ich mich von einer negativen oder einer positiven Sache ab?
4. Wozu benutze ich den Angriff?
5. Wen greife ich an, indem ich diesen Angriff auf mich zulasse?
6. Ist dieser Angriff die Folge einer heimlichen falschen Einstellung oder die Folge von Widerborstigkeit?

7. Im Hinblick worauf versuche ich mich selbst zu kontrollieren?
8. Im Hinblick worauf versuche ich andere Menschen zu kontrollieren?
9. Benutze ich den Angriff als Ausrede oder zur Heilung?
10. Welchen Gabenaspekt meiner Lebensaufgabe oder welchen Aspekt meiner Bestimmung lehne ich ab?
11. Benutze ich diesen Angriff, um Gott zu vergessen?
12. Benutze ich diese Ungerechtigkeit in meinem unaufhörlichen Kampf gegen Gott?
13. Benutze ich diesen Angriff, um mein Ego zu verteidigen, während ich darum kämpfe, den Traum aufrechtzuerhalten und meiner geistigen Wesensnatur aus dem Weg zu gehen?

Die uneingeschränkte Verantwortung zu übernehmen heißt, niemanden zu beschuldigen, nicht einmal dich selbst. In dieser Unschuld findest du den Himmel auf Erden. Die uneingeschränkte Verantwortung zu übernehmen heißt, aus dem Traum zu erwachen.

Lektion 29

Vernachlässigung heilen

Wenn die Vernachlässigung, die du in der Kindheit erlebt hast, geheilt wird, kannst du dich von einem gefühlten Verlierer in einen Gewinner verwandeln. Es kann dich über Gefühle der Unwürdigkeit und mangelnde Selbstliebe hinaus zu einem höheren Selbstwertgefühl und zur Selbstliebe bringen. Es kann dich aus der Unabhängigkeit und dem Schwelgen herausholen, das die Vernachlässigung in deiner Kindheit kompensieren soll. Es kann dich zur Partnerschaft und zu der Verbundenheit voranbringen, die dir alle Zuwendung zurückgibt, die du brauchst. Vernachlässigung kann dein Leben, deine Beziehungen und dein Herz ein ganzes Leben lang zeichnen. Da dies jedoch weder der Wille des Himmels für dich noch dein eigener wahrer Wille ist, muss es also einen Weg geben, diese Emotionen zu transformieren, die dafür sorgen, dass du dich beraubt, verloren und schwach fühlst. Da alle negativen Emotionen ein Zeichen dafür sind, dass du einen Fehler machst, und die Emotionen selbst Ausdruck einer Illusion sind, muss es einen Weg geben, dich von solchen Fallen zu befreien.

Rufe dir die Grundprinzipien der Psychologie des Unterbewusstseins ins Gedächtnis: Alles – auch die schrecklichste Erfahrung – dient dir, weil sie einen bestimmten Zweck erfüllt. Der Schlüssel zur emotionalen Reife liegt darin, diese Prinzipien zu erkennen und zu verwirklichen.

1. Ich bin für meine Emotionen verantwortlich.
2. Emotionen sind eine Entscheidung.
3. Ich benutze meine Emotionen, um etwas zu gewinnen und um etwas zu beweisen.
4. Ich habe eine Wahl und kann eine bessere Entscheidung treffen.
5. Es ist nicht die Vergangenheit, die darüber bestimmt, wie es mir jetzt geht. Die Vergangenheit existiert nicht. Ich entscheide, wie es mir jetzt geht, und meine Entscheidung bestimmt, wie ich die Vergangenheit sehe. Wenn sie schmerzhaft ist, benutze ich sie als Ausrede.
6. Ich habe die Macht, wahre Entscheidungen zu treffen, die es mir erlauben, ein Leben in Liebe zu gestalten, statt lediglich die Position meines Egos zu stärken.
7. Der Wille des Himmels für mich ist vollkommenes Glück. Dies ist auch mein wahrer Wille. Das Ego will lediglich seine eigene Macht vergrößern – ohne Rücksicht darauf, was es mich kostet.

In dem Prozess, die Wunden der Vernachlässigung zu heilen, besteht einer der ersten Schritte darin, dich zu fragen, wofür du sie benutzt. Auf welche Weise dient sie dir? Welchen Zweck erfüllt sie? Welchen Nutzen glaubtest du aus ihr gewinnen zu können? Was erlaubt sie dir zu tun? Was brauchst du nicht zu tun? Welche Ausrede liefert sie dir? Vor welcher Angst kannst du dich mit ihrer Hilfe verstecken? Welches Schwelgen rechtfertigst du dadurch, dass du sie zugelassen hast? Welche Kontrolle gibt sie dir über dich selbst? Welche anderen Menschen kontrollierst du mit ihrer Hilfe?

Deine Vorgeschichte ist dir näher als der Mensch, den du am meisten liebst. Ist es das, was du willst? Selbst wenn du das, was geschehen ist, kompensierst, gibst du das Gefühl der Vernachlässigung an deine eigenen Kinder weiter, wenn du es nicht heilst. Was willst du also?

Führe ein kleines Experiment durch, das deine Einstellung zur Vergangenheit und zu deiner Vernachlässigung ändern kann. Das Verhalten deiner Eltern oder der Menschen, die sich um dich gekümmert haben, bleibt bei diesem Experiment immer gleich. Du änderst lediglich deine Einstellung. Zunächst wollen wir jedoch ein Prinzip anschauen, das alle Eltern kennen. Wenn du etwas hast, das du geben kannst, dann gibst du es deinen Kindern. Wenn du es nicht hast, um es geben zu können, dann gibst du es nicht. Deine Eltern sind hier keine Ausnahme. Sie haben gegeben, was sie geben konnten. Wenn du ihre Kindheit gehabt hättest, wärest du dann auch in der Lage, so viel zu geben, wie sie gegeben haben? Kehren wir zu unserem kleinen Experiment zurück. Denke daran, dass das Verhalten deiner Eltern sich während des Experiments nicht ändert. Was sich verändert, ist deine Einstellung.

Erste Einstellung

Ich hatte lausige Eltern. Sie haben mich vernachlässigt. Sie haben mir keine Geborgenheit gegeben, weil sie immer zu sehr mit sich selbst beschäftigt waren. Ihretwegen und weil sie sich als Eltern nicht richtig um mich gekümmert haben, ist mein Leben eine Katastrophe.

Frage dich, wie du dich grundsätzlich fühlst, wenn du diese Einstellung hast. Welche Einstellung hast du zu dir selbst?

Wenn du das Experiment richtig durchgeführt hast, wirst du feststellen, dass dein Gefühl deinen Eltern gegenüber deinem grundsätzlichen Gefühl und deiner Einstellung zu dir selbst entspricht.

Zweite Einstellung

Ich bedaure meine Eltern. Sie waren unwissend und haben ihr Leben ganz einfach nicht auf die Reihe bekommen. Es waren traurige Menschen mit einem traurigen Leben, und ich habe Mitleid mit ihnen.

Frage dich, wie du dich grundsätzlich fühlst, wenn du diese Einstellung hast. Welche Einstellung hast du zu dir selbst?

Wenn du das Experiment richtig durchgeführt hast, wirst du feststellen, dass dein Gefühl deinen Eltern gegenüber deinem grundsätzlichen Gefühl und deiner Einstellung zu dir selbst entspricht.

Dritte Einstellung

Meine Eltern hatten eine wirklich schwere Kindheit und haben mir trotzdem alles gegeben, was sie konnten. Sie haben ihr Bestes getan. Ich bin dankbar für das, was sie mir geben konnten.

Wie fühlst du dich grundsätzlich, wenn du diese Einstellung hast?

Welche Einstellung hast du zu dir selbst?

Erkennst du allmählich, dass deine eigene Einstellung dafür verantwortlich ist, wie du deine Kindheit erlebt hast?

Glücklicherweise kannst du, wenn deine Erfahrung dir nicht gefällt, deine Einstellung jetzt ändern. Damit änderst du auch die Wahrnehmung der Vergangenheit.

Du lernst allmählich, dass etwas sich umso besser anfühlt, je mehr es der Wahrheit entspricht. Dies ist das Wirkprinzip emotionaler Reife. Auf diese Weise gelangst du in den Himmel auf Erden. Du änderst allmählich deine Einstellung zu allem und jedem. Dadurch ändert sich deine Einstellung zu deinem Leben und zu dir selbst.

Alle negativen Dinge, die dir im Leben widerfahren sind, rühren daher, dass ***du** den Fehler gemacht hast, dich für die Trennung zu entscheiden*. Du glaubtest, Unabhängigkeit würde dir Freiheit bringen, aber stattdessen hat sie dir Schmerz und Dissoziation sowie Opfermuster und Muster der Aufopferung gebracht. Sie hat die Position deines Egos gestärkt, wie es ihre Absicht war. Nun kannst du die Unabhängigkeit loslassen, die niemals Freiheit war, um deine Verbundenheit zu erneuern, und in dem Maße, in dem die Verbundenheit wiederhergestellt wird, entstehen Wahrheit, Freiheit, Mühelosigkeit und Fluss. Partnerschaft, Erfolg und Nähe werden zur Regel. Tust du es nicht, bleiben die alten Mauern bestehen, die du zwischen dir und allen anderen Menschen errichtet hast, die aber am stärksten dich selbst und die Menschen beeinflussen, die du liebst. Dies ist die eigentliche Wahl zwischen dem Ego und deinem authentischen Selbst. Wenn du an diesem Aspekt deines Egos festhältst, benutzt es alles, was dir widerfahren ist, um sich zu trennen und seine eigene Position zu festigen. Wenn du für dein Ego und diese Deutung der Ereignisse kämpfst, dann sorgst du dafür, dass ein Teil deiner selbst emotional unreif bleibt. Anschließend versuchst du, diesen Teil zu kompensieren, oder agierst ihn auf eine für andere Menschen und für dich selbst negative Weise aus. Kompensationen können es zwar so aussehen lassen, als wäre dein Handeln von emotionaler Reife geprägt, aber den Lohn für dein Verhalten kannst du nicht empfangen, weil es in Wirklichkeit eine Abwehrstrategie ist. Du hältst an diesem Aspekt der Vernachlässigung fest und machst deine Beziehungen zu Geiseln der Vergangenheit, über die du nicht hinweggekommen bist und die in Wirklichkeit nicht der Wahrheit entspricht. Du benutzt sie als Ausrede, um immer Recht zu haben und die Kontrolle zu behalten, während du heimlich – oder auch offen – auf Kosten der Menschen schwelgst, die du liebst. Deine Entscheidung für deine Heilung hat den Vorteil, dass du Besonderheit und Selbstzentriertheit zugunsten von Reife, Großzügigkeit und Nähe sowie einer neuen Fähigkeit, zu empfangen, aufgibst.

Es gibt viele Möglichkeiten, Heilung zu erlangen. Eine meiner bevorzugten Methoden möchte ich dir gerne vorstellen. Sie heilt sowohl dich selbst als auch deine Eltern, und infolgedessen macht sie auch deinen Partner und deine Kinder glücklich. Bei meiner Arbeit, die mich immer tiefer ins Unterbewusstsein geführt hat, habe ich entdeckt, dass du hier bist, um deinen Eltern das zu geben, was sie dir nicht geben konnten. Deine Gabe kann jedoch unter deinen Klagen, deinem Groll, deinen schmerzhaften Emotionen und der Überzeugung, dass du ein Opfer warst, verborgen sein. Du trägst diese Gabe noch immer in dir. Sie wartet darauf, dass du die Tür in deinem Geist, die zu ihr führt, öffnest und sie annimmst. Erfülle dich mit ihr und teile sie anschließend mit deinen Eltern. Weil es in seiner Natur liegt, will auch der Himmel dir geben, was du von deinen Eltern nicht bekommen hast.

Nimm deine Gabe in Besitz und empfange die Gabe des Himmels. Kehre in die Vergangenheit zurück und teile beide Gaben mit deinen Eltern. Dadurch, dass du sie empfängst, wirst du geheilt. Dadurch, dass du sie teilst, gewinnen sie an Kraft. Sie schenken Geborgenheit und Erfüllung, worin sie auch immer bestehen mögen. Nachdem du diese Gaben in der Vergangenheit mit deinen Eltern geteilt hast, bringe sie mit zurück in die Gegenwart, um sie mit deinem Partner und mit deinen Kindern zu teilen.

Es gehört zu deiner Lebensaufgabe, dieses Maß an Zuwendung zu schenken und die Menschen zu heilen, die sich vernachlässigt fühlen. Sorge dafür, dass das Spiel mit dem Schwarzen Peter ein Ende findet, damit der Schmerz nicht an die Menschen in deiner Umgebung weitergegeben wird. Deshalb bist du hier. Deine Aufgabe besteht darin, den Menschen in deiner Umgebung sowohl Freiheit als auch Erfüllung zu bringen.

Lektion 30

Unschuld ist die Wahrheit

Wenn du unschuldig bist, bist du frei von Emotionen. Du befindest dich in einem Zustand inneren Friedens, der das Fundament aller guten Dinge wie Liebe, Glück, Gesundheit und Fülle ist. Etwas, das der Wahrheit entspricht, befreit dich und gibt dir Kraft. Es eint dich durch ein höheres Maß an Integrität. Integrität und Wahrheit gehen ebenso Hand in Hand, wie Unschuld und Ganzheit Hand in Hand gehen.

Emotionen sind nicht die Wahrheit. Es ist wahr, dass du sie fühlst, aber sie sind die Illusion, die Abreaktion, der Zustand, der zeigt, dass du aus deiner Mitte geraten bist. Zentriertheit ist dagegen gleichbedeutend mit Unschuld. Emotionen sind nicht die Wahrheit, und deswegen können sie geheilt werden. Die Wahrheit kann nicht geheilt werden. Sie ist nicht reduzierbar. Integrität und Ganzheit sind gemeinsame Merkmale von Unschuld und Wahrheit. Wenn du unschuldig und von allen Emotionen frei bist, erfährst du Frieden und Gefühle der Liebe und des Glücks. Sie setzen sich in Freundlichkeit, Geben, Empfangen und Offenheit fort. Emotionen sind eine Folge alter Trennungen, die in der Gegenwart wiederholt werden. Vergebung und andere Formen der Heilung stellen Verbundenheit und Unschuld wieder her.

Unschuld ist eine Urerfahrung. Wie die Liebe ist auch sie ein Aspekt deiner geistigen Wesensnatur. Jede Emotion, die du fühlst, trägt auch die Emotion der Schuld in sich. Sie ist ein Teil des Bewusstseins, der von deiner wahren geistigen Wesensnatur abgespalten ist. Emotionen sorgen immer dafür, dass zwei Anteile deines Bewusstseins gespalten sind. Ein Anteil leidet, während der andere Anteil bereit ist, den Preis für die Unabhängigkeit zu zahlen. Unschuld ist nicht gespalten. Sie ist ganz. Sie bringt dich mit dir selbst, mit anderen Menschen und mit dem Göttlichen zusammen. Wenn du vollkommen unschuldig wärest, würdest du ein Leben führen, das von den Gefühlen des Friedens und der Freude erfüllt ist. Frei von Emotionen zu sein ist ein Zustand des Himmels auf Erden. Es ist die Wahrheit, ein Vorgeschmack auf das Paradies, das du erfährst, ehe du ins Einssein entrückt wirst.

Jede Emotion ist ein Zeichen dafür, dass du auch Schuld fühlst, selbst wenn du dir dessen nicht bewusst bist. Eine Emotion bedeutet, dass etwas der Heilung bedarf. Sie bedeutet, dass du aufgefordert bist, deine Meinung und damit deine Wahrnehmung zu ändern. Unschuld ist Verantwortung und Einfühlsamkeit. Sie ist das Gegenteil von Schuld, Schuldzuweisungen, Groll, Urteil und Aufopferung, die allesamt Formen von Angriff und Selbstangriff – dem wahren Fundament des Egos – sind. Das bedeutet, dass du, wenn du jegliche Schuld aufgegeben hast, die Illusion des Egos überschreitest und einfach in der Erfahrung reiner Freude lebst. Sie ist der lichtvolle und unschuldige Zustand, in dem wir erschaffen wurden und in den wir zurückkehren, wenn unsere Evolution oder, wie es *Ein Kurs in Wundern* ausdrückt, unsere „Sühne“ vollendet ist.

Lektion 31

Gib deine Angriffsgedanken auf

Ein Kampf wird durch Angriffsgedanken nicht nur verursacht, sondern auch am Leben erhalten. Aus einem Gefühl der Schwäche heraus bedient sich das Ego der Aggression als Mittel zum Angriff. Es übt Rache in irgendeiner Form, indem es angreift oder dafür sorgt, dass es angegriffen wird. Der Kampf, von dem das Ego versprochen hat, dass er dich schützen würde, schützt dich nicht, vor allem nicht vor Angst. Er vergrößert deine Angst. Und aufgrund deiner Angst fordert das Ego weitere Angriffe, weitere Abwehrstrategien und sogar Präventivschläge, die deine Angst nur noch weiter wachsen lassen.

Um deine Zuversicht wiederzufinden, ist es von entscheidender Bedeutung, dass du alle Angriffsgedanken aufgibst, ganz gleich, ob sie gegen dich selbst oder andere Menschen gerichtet sind. Wenn du dich bei einer Schuldzuweisung, einem Urteil oder einem Angriff ertappst, sage einfach: „Ich werde mich nicht auf diese Weise angreifen." Einen anderen Menschen anzugreifen bedeutet nämlich, dich selbst anzugreifen. Auch wenn du dich bei Zweifeln oder Ängsten ertappst, sprich die Worte: „Ich werde mich nicht auf diese Weise angreifen." Diese Worte helfen dir zu erkennen, dass du Macht über dein Bewusstsein besitzt und dass du letzten

Endes selbst für deine Erfahrung verantwortlich bist, weil sie von deinen eigenen Gedanken herrührt. Wenn du deine Angriffsgedanken aufgibst, dann stellen sich Frieden und der natürliche Wunsch ein, die Distanz zu einem anderen Menschen zu überbrücken. Ohne Angriffsgedanken kann es keine Angst geben, und du wirst auf natürliche Weise vorangebracht. Deine Angriffsgedanken sollen die Trennung aufrechterhalten und beweisen, dass du anders bist. Wechselseitigkeit rührt von der Erkenntnis her, dass das, was du mit einem anderen Menschen teilst, euch beiden in höherem Maße zuteilwird. Dies ist das Wesen des Ursprungs, aus dem Fülle herrührt – Teilen.

Dein Ego will, dass du über oder unter einem anderen Menschen stehst. Es will nicht, dass du ihm ebenbürtig bist, denn Ebenbürtigkeit ist der Ort, an dem Freude herrscht und das Ego seine Herrschaft über dich und andere Menschen verliert. Fluss wird möglich, wenn du eine partnerschaftliche Verbindung mit dir selbst, anderen Menschen und Gott eingehst.

Auch wenn du dich nicht in einem Kampf gegen einen anderen Menschen befindest, sind deine Angriffsgedanken eine Aufforderung zum Kampf oder eine Grenze, die du gezogen hast. Deine Feindseligkeit gegenüber anderen Menschen bringt sie dazu, gegen dich zu kämpfen.

Achte auf deine Gedanken. Gib deine Angriffsgedanken auf. Das Ego ist auf Angriff und Selbstangriff aufgebaut, aber dein wahres Selbst umfasst unendlich viel mehr als diese Identität, die aus Trennung und Verlust entstanden ist.

Lektion 32

Wenn Verstehen eine Abwehrstrategie ist

Im Laufe der Jahre habe ich Menschen immer wieder sagen gehört, dass sie das Verhalten ihrer Eltern verstehen, und sie glaubten, sie damit freizusprechen. Wahres Verstehen ist jedoch Heilung, die neue Verbundenheit, neue Nähe und ein höheres Maß an Erfolg erschafft. Das bedeutet, dass das Problem sich weder in deinem eigenen Erwachsenenleben noch bei deinen Kindern zeigt. Wenn du Verstehen hingegen als Abwehrstrategie benutzt, setzt das Problem deiner Eltern sich in deinem eigenen Leben und im Leben deiner Kinder in irgendeiner Form fort.

Wir benutzen Verstehen als Abwehrstrategie und eine Form von Leugnung, wenn wir uns davor fürchten, alten Schmerz und alte Schuld zu fühlen. Dann ist unser Verstehen eine Form von Dissoziation, eine intellektuelle Übung, die mit wirklichem Verstehen rein gar nichts zu tun hat. Wenn du siehst, dass ein Muster an dich oder deine Kinder weitergegeben wird, hält irgendeine Form von Angst, Aufopferung und Unabhängigkeit dich von der Größe deiner Lebensaufgabe und vom goldenen Glanz deiner Bestimmung fern. Deine Bestimmung liegt sowohl in deiner geistigen Wesensnatur als auch in deiner Verbindung mit dem

Himmel, in der alles möglich ist. Durchforste dein Leben nach Ereignissen, bei denen *du zu verstehen glaubst*, was geschehen ist, das Problem aber dennoch weitergegeben wird. Es zeigt, dass du dich selbst nicht in vollem Maße in dein Leben einbeziehst, weil du dich vor deinen vergrabenen Emotionen fürchtest. Dies wiederum steht Partnerschaft, Fluss und Empfangen im Weg und erzeugt Leblosigkeit in deinen Beziehungen. Es steht auch deiner Meisterschaft im Weg, weil du dich selbst in deine Verbindung mit dem Himmel nicht einbeziehst. Du gestattest dir nicht die Gnade göttlicher Präsenz. Alle diese Dinge sind sichere Anzeichen dafür, dass du Verstehen als Abwehrstrategie und nicht als Prinzip der Heilung benutzt. Wenn du Anzeichen dafür in deinem Leben oder im Leben eines anderen Menschen entdeckst, dann trägst du vergrabene Emotionen und Glaubenssätze in dir, die dich lähmen. Wünsche dir von ganzem Herzen, sie zu finden, damit du sie in die Hände des Himmels legen und Heilung und echte Verbundenheit an ihrer Stelle empfangen kannst. Wenn du es nicht tust, führen deine vergrabenen Emotionen irgendwann ein Ereignis herbei, das ihnen die Möglichkeit gibt, zur Oberfläche zu kommen. Es wird wie ein neues Problem aussehen, ist in Wirklichkeit jedoch die Wiederholung von etwas aus der Vergangenheit, das nicht geheilt wurde. Suche entschlossen nach diesen verborgenen Kammern alter Emotionen und Schuld, und wenn sie zur Oberfläche kommen, gib nicht anderen Menschen die Schuld an dem, was du in dir herumgetragen hast. Übernimm die volle Verantwortung und lege es rasch in die Hände des Himmels, damit er es für dich auflösen kann. Dieses Verhalten ist kennzeichnend für einen reifen Menschen und Partner, mit dem man gerne zusammenlebt.

Lektion 33

Deine Gaben

Deine Gaben sind die Antwort auf alle deine Probleme. Klagen halten dich dagegen in dem Versuch gefangen, andere Menschen zu kontrollieren. Du willst sie dazu bringen, deine Bedürfnisse zu erfüllen, und deinen eigenen Weg gehen. In dir trägst du eine Seelengabe, die du mitgebracht hast, um Dinge zu verändern und in eine positive Richtung zu lenken. Habe keine Scheu, denn die Menschen in deiner Umgebung brauchen deine Gaben. Du brauchst deine Gaben. Gaben machen das Leben leicht und mühelos. Jeder Groll, den du in dir trägst, verbirgt Gaben, die Zuversicht bringen. Der Groll verbirgt deine Schuld, und mit Hilfe der Schuld wolltest du deine Gaben leugnen. Hättest du deine Gaben angenommen und geteilt, wäre die Situation gerettet gewesen, und es gäbe keinen Groll, weil es keine Schuld gäbe. Alle an der Situation beteiligten Menschen wären frei – du selbst eingeschlossen. Mangel ist ebenso ein Ort der Schuldzuweisung an andere Menschen und an dich selbst, der durch die Gabe, die du in dir trägst, und durch deine Bereitschaft, sie endlich zu einem Teil deines Lebens zu machen, mühelos aufgelöst werden kann.

Urteile weisen ebenfalls auf einen Ort hin, an dem du andere Menschen segnen könntest, statt über sie zu urteilen, indem du auf ihren Hilferuf eingehst und die innere Seelengabe hervorbringst, die du mitgebracht hast, um ihnen zu helfen.

Unterziehe dein Leben einer Prüfung. Sei bereit, die Türen in deinem Geist zu öffnen, und bringe die Gaben hervor, die Lösungen und Fluss bewirken. Dies erschließt dir eine vollkommen neue Ebene der wechselseitigen Abhängigkeit und Begabtheit und erleichtert sowohl dein Leben als auch das Leben der Menschen in deiner Umgebung.

Lektion 34

Der Herzensbruch, den du um deiner selbst willen erlitten hast

Den ersten Herzensbruch erleiden wir erfahrungsgemäß schon sehr früh im Leben. Manchmal findet er sogar bereits im Mutterleib statt. Ein Herzensbruch entsteht, weil ein Mensch sich nicht so verhalten oder eine Situation sich nicht so entwickelt hat, dass deine Bedürfnisse erfüllt wurden. Einen Herzensbruch um deiner selbst willen erleidest du, wenn du dich selbst nicht akzeptieren kannst und glaubst, nicht gut genug zu sein, um deine Bedürfnisse erfüllt zu bekommen. Ein Herzensbruch ist entstanden, als du glaubtest, ***du*** seiest nicht gut genug, um deine Familie oder bestimmte Familienmitglieder zu retten. Du warst gut genug. Du bist gut genug. Es ist deine Bestimmung, und sie wird verwirklicht durch die Erkenntnis, dass du gut genug bist. Der, der du in diesem Leben sein wolltest, ist die Antwort. Deine geistige Bestimmung besteht letztlich darin, dich als ewigen, reinen Geist zu erkennen und zu wissen, dass Sicherheit, Glück und Ganzheit dir geschenkt sind. Alles, was du brauchst, ist in dir, weil du eins mit dem Himmel bist und der Himmel in dir ist. Deine geistige Wesensnatur ist die Macht deines Willens, die alle Illusion auflöst und Ganzheit bringt, weil du die Ganzheit in dir trägst und alles und jeden darin einhüllen kannst.

Du kannst diesen Herzensbruch um deiner selbst und deiner Familie willen nur deshalb erlitten haben, weil dein Ego dich bereits mit Schuld angegriffen und infolgedessen dazu gebracht hat, dir selbst die Schuld an den Problemen deiner Familie zu geben. Wenn dies nicht geschehen wäre, dann hättest du dich als den gesehen, als den du dich ursprünglich einmal erkannt hattest – die Antwort. Du bist die Antwort, aber das, woran du dir selbst die Schuld gegeben hast, und die daraus folgende Selbstbestrafung haben den Verlust herbeigeführt. Nun ist es an der Zeit, mit dieser Schuld in Berührung zu kommen und sie zu fühlen, sie als die zerstörerische Illusion zu erkennen, die sie ist, sie loszulassen und die Wahrheit zu erbitten. Stelle dir vor, dass du nicht nur den Anteil deiner selbst rettest, der glaubte, es sei dein Fehler gewesen, sondern auch den Anteil deiner selbst, der den Herzensbruch erlitten hat. Liebe deine Familie, und bringe ihr die Ganzheit zurück, indem du deine Bestimmung annimmst und um die göttliche Präsenz bittest. Stelle dir dann vor, wie der goldene Glanz deiner Liebe und deines Lichts sich in den ursprünglichen schmerzhaften Situationen auf deine Familie ausdehnt und diese Muster sowohl für sie als auch für dich selbst transformiert. Verbinde zum Schluss das Licht deiner geistigen Wesensnatur mit dem Licht eines Mitglieds deiner Familie. Beginne dabei mit dem Familienmitglied, mit dem du die größten Schwierigkeiten hast. Verbinde dein Licht mit seinem Licht, bis ihr zu einem Licht geworden seid. Verbinde euer vereinigtes Licht anschließend mit dem nächsten schwierigen Mitglied deiner Familie. Fahre fort, bis ihr alle ein Licht geworden seid.

Lektion 35

Das Unterbewusstsein zeigt, dass äußere Faktoren keinen Einfluss auf dich haben

Ungefähr zweieinhalb Jahre, nachdem ich mich auf das Abenteuer meines Heilberufes eingelassen hatte, nach meinem kurzen Ausflug auf das Gebiet der Hypnose und noch vor der Entwicklung der Intuitiven Methode zur Erforschung des Unterbewusstseins entdeckte ich, dass das Unterbewusstsein schon Kenntnis von schrecklichen Ereignissen hatte, ehe sie geschahen. Es dauerte weitere vier Jahre, bis meine Erkenntnisse sich zum Umriss der Eigenverantwortung formten und mir klar wurde, dass ich selbst für meine Nahtod-Erfahrung während eines Fußballspiels, die Schreibblockade während der Arbeit an meiner Dissertation, die Beinahe-Autounfälle und die Sportverletzungen verantwortlich war, die mich zu einem Krüppel hätten machen können. Ich entdeckte, dass dieses Prinzip der verborgenen Eigenverantwortung auch auf die Menschen zutraf, mit denen ich arbeitete. Es erwies sich, dass Unfälle, die um ein Haar tödlich geendet hätten, keine Unfälle, sondern vielmehr tief im Unterbewusstsein vergrabene und durch Leugnung verborgene Pläne des Egos waren. Sobald das Unterbewusstsein ins Bewusstsein gerückt wurde, fiel es den Menschen leichter, zu verstehen und zu vergeben. Wenn du Verantwortung übernimmst, indem du die heimlichen Pläne des Egos ins Licht des Bewusstseins rückst, hinderst du es daran, dein Leben mit selbstsabotierenden Mustern für sich zu beanspruchen, um seine eigene Macht auszubauen.

Das Unterbewusstsein wurde zu einem der ersten Orte, an denen ich nach Ursachen suchte, wenn ich Menschen half, niederschmetternde Opferereignisse oder schwere Krankheiten zu überwinden. Ich spielte das „So-tun-als-ob"-Spiel: „Ich weiß, dass du nicht wolltest, dass dieses Ereignis eintritt, aber lass uns doch – mir zu Gefallen – einfach einmal so tun, als ob du es gewollt hättest." Damit wir das Unterbewusstsein durchleuchten konnten, musste ich meinen Klienten oft wiederholt versichern, dass sie sowohl auf der bewussten Ebene als auch auf den tieferen Ebenen ihres Bewusstseins wirklich nicht wollten, dass das, was passiert war, geschieht. Wenn sie dann bereit waren, das Spiel mitzuspielen, und das war bei fast allen meinen Klienten der Fall, wurden viele verborgene Dinge offenbar. Auf diese Weise konnten sie erkennen, dass sie selbst die Verantwortung für alle schrecklichen Ereignisse trugen, die ihnen widerfahren waren und sie scheinbar zum Opfer gemacht hatten. Das hatte zur Folge, dass sie andere Menschen von Schuldzuweisungen und sich selbst von Schuld befreien konnten. Danach konnte die Heilung, die sie ermächtigte, auf natürliche Weise geschehen. Ich versicherte ihnen außerdem, dass es nicht ihr Fehler gewesen war (weil sie glaubten, dass es unter den Schuldzuweisungen, die sie an andere Menschen, das Leben und Gott richteten, **tatsächlich ihr Fehler** gewesen war). Ich erklärte ihnen, dass sie, wenn sie immer noch glaubten, jemand anderer trüge die Schuld, im Sekundenkleber der Schuld feststeckten. Die verborgene Schuld, die immer mit Schuldzuweisung, Urteil und Groll einhergeht, würde dafür sorgen, dass es ihnen nicht gelang, die Lektion zu lernen, den Fehler zu berichtigen, sich selbst zu ermächtigen und den nächsten Schritt zu gehen. Eigenverantwortung bedeutet, die Verantwortung für die Ereignisse im eigenen Leben zu übernehmen und weder anderen Menschen noch sich selbst die Schuld daran zu geben.

Im Laufe der Zeit fand ich viele im Bewusstsein verborgene Dynamiken, die zu den schrecklichen Ereignissen im Leben der Menschen führten. Dazu gehören beispielsweise Rache, Verstecken, Aufopferung, um andere Menschen zu retten, Machtkampf, Angriff auf einen anderen Menschen, Selbstbestrafung, Flucht vor der eigenen Lebensaufgabe sowie Angst vor Nähe und Erfolg. Die Liste ließe sich endlos fortsetzen. Letztlich läuft jedoch alles auf den Teufelskreis von Angriff und Selbstangriff hinaus. Wenn du einen anderen Menschen in Gedanken angreifst, dann siehst du natürlich, dass dein Angriff eine Auswirkung auf ihn hat. Das hat zur Folge, dass du dich selbst als verletzlich und offen für Angriffe von außen oder durch deine eigenen Gedanken wahrnimmst. Als ich noch tiefer ins Bewusstsein vordrang, fand ich heraus, dass deine eigenen Angriffsgedanken die Wurzel aller dunklen Ereignisse in deinem Leben sind. Deine Angriffsgedanken liegen auch an der Wurzel deines selbstverletzenden Verhaltens. Alles rührt von deinen eigenen Gedanken her – deinen Angriffsgedanken gegen andere Menschen und deinen Angriffsgedanken gegen dich selbst. Jeder Angstgedanke und jeder Zweifel ist ein Angriff, den du gegen dich selbst richtest. Würdest du dir deine Angstgedanken bewusst machen, indem du überlegst, worüber du dir im Hinblick auf dich selbst Sorgen machst, dann würdest du sehen, dass diese Gedanken und ihre dunklen Glaubenssätze deine Verwundbarkeit angegriffen haben. Du könntest dich dafür entscheiden, deinen Angriff und die Glaubenssätze loszulassen. Du könntest dich jetzt dafür entscheiden, dich nicht mit all deinen Sorgen und Ängsten anzugreifen, weil Selbstangriff die einzige Alternative zu Vertrauen und Frieden ist. Entscheide dich stattdessen für Vertrauen und Frieden.

Lektion 36

Negative Emotionen, die nicht zur Heilung genutzt werden, führen zu Manipulation, Kontrolle und Nötigung

Tyrannen verhalten sich wie Tyrannen, weil sie Angst haben. Sie versuchen, andere Menschen zu beherrschen. Hätten sie alles völlig unter Kontrolle, würden sie sich jedoch zu Tode langweilen und, um etwas zu fühlen, Ablenkung und Streit suchen, indem sie noch aggressiver und gewalttätiger werden. Wenn du andere Menschen manipulierst, um deine Bedürfnisse erfüllt zu bekommen, glaubst du, nicht liebenswürdig zu sein, und du versuchst, zu nehmen oder zu stibitzen, um etwas zu bekommen. Das bringt deinen Partner dazu, sich zurückzuziehen oder dieses Verhalten zurückzuweisen, was wiederum einen Herzensbruch zur Folge hat.

Wegen der Herzensbrüche, die du in der Vergangenheit erlitten hast, und weil du dich vor zukünftigen Herzensbrüchen fürchtest, benutzt du Kontrolle als eine Abwehrstrategie, die zugleich aber auch Angst vor Liebe verbirgt, weil Liebe bedeuten würde, dass du die Kontrolle aufgeben müsstest. Du bist von deiner Kontrolle abhängig, und wenn du lieben würdest, müsstest du wieder Vertrauen haben. Liebe bedroht deine Kontrolle, und weil du dich mit der Kontrolle und mit deinem Ego identifizierst, glaubst du, dass die Liebe dich bedroht. In Wirklichkeit bedroht sie jedoch nicht dich, sondern dein Ego.

Nutze die Emotionen, die in dir hochkommen, zu keinem anderen Zweck als dem, Heilung zu erlangen. Schmerzhafte Gefühle, die hochkommen, können dir zeigen, was in dir vergraben liegt und dir Niederlagen beibringt oder dich sogar tötet. Heilung ist der einzige Weg. Alles andere wird zu einem Kampf oder zu etwas, das zu einem Kampf führt. Wenn du andere Menschen beherrschst oder kontrollierst, dann glaubst du zu gewinnen, während du in Wirklichkeit verlierst. Du gehst in die falsche Richtung und vertuschst alten Schmerz. Kontrolle führt zu Kampf, der den Adrenalinspiegel erhöht und so der Langeweile entgegenwirkt. Dabei sind es das Spannungsfeld von Frieden und Ganzheit und der besondere Reiz der Verbindung zu anderen Menschen, die dein Leben gedeihen lassen. Nur diese Richtung ist wahr.

Habe den Mut zur Heilung. Heilung ist der einzige Weg, der Erfolg bringt. Sie ist der einzige Weg, der zu einem besseren Leben führt. Der andere Weg ist der Weg eines Feiglings, der dir das Ende eines Feiglings beschert. Allerdings bist du dabei sowohl der Feigling als auch das Erschießungskommando, selbst wenn du andere Menschen benutzt, um den Abzug für dich zu betätigen. Wenn du andere Menschen tyrannisierst, um deine Angst zu verschleiern, zahlst du später einen höheren Preis, denn dein tyrannisches Verhalten bewirkt, dass dein Gefühl der Wertlosigkeit wächst. Nutze deine negativen Emotionen als Hinweisschilder auf das, was der Heilung bedarf. Dann dienen sie dir und dem eigentlichen Zweck, zu dem sie gedacht waren. Heilung ist der einzige Weg, der dich zur Wahrheit und zur Freude führen kann.

Lektion 37

Warum der Kampf?

Wenn du den Grund kennst, aus dem du kämpfst, kannst du dich für einen besseren Weg entscheiden als für die Sackgasse, die ein Kampf letztlich ist, weil er dich von dem entfernt, was dir Erfolg bringt.

Ein Kampf ist vor allem der Wunsch, deine Bedürfnisse erfüllt zu bekommen. Du glaubst, dass dein Gegner dir etwas vorenthält, das du brauchst und verdient hast. Du kämpfst, um zu nehmen, zu beherrschen und deine Bedürfnisse erfüllt zu bekommen.

Die zweite wichtige Dynamik, die einen Kampf antreibt, besteht darin, dass du beweisen willst, dass du im Recht bist und dass dein Gegner im Unrecht ist. Es ist ein Kampf, in dem es um Glaubenssätze geht, und bei allen Glaubenssätzen handelt es sich in Wirklichkeit um Selbstkonzepte. Du willst also das Sagen haben oder überlegen sein und beweisen, dass dein Weg der beste Weg ist, weil du der Beste bist. Sogar Niederlagen nutzt du, um auf die Tatsache hinzuweisen, dass du – zumindest deinem Verständnis zufolge – in moralischer und geistiger Hinsicht überlegen bist. Wenn Ebenbürtigkeit nicht anerkannt wird, sind Positionskämpfe die Folge. Konkurrenz, die dritte wichtige Dynamik, führt zu Wettkämpfen und zum Teufelskreis aus Gewinnen und Verlieren.

Die vierte Dynamik, die einen Kampf antreibt, besteht darin, dass alle, die daran beteiligt sind, sich vor dem nächsten Schritt fürchten. Statt vorzutreten und deinem Gegner zu helfen, benutzt du den Kampf als Ausrede, um den nächsten Schritt nicht zu gehen. Du glaubst, gegen deinen Gegner gewinnen zu müssen, um erfolgreich sein und vorankommen zu können, aber genau dort verbirgt sich die Angst. Du könntest den nächsten Schritt einfach gehen, denn dann würdet ihr beide gewinnen. Die Angst wird durch den Kampf, der dich zurückhält, noch vergrößert. Du könntest stattdessen bereit sein, den nächsten Schritt zu gehen, denn Bereitschaft durchschneidet Angst. Du könntest auch dir selbst sowie allen an der Situation beteiligten Menschen und der Situation selbst vergeben, denn Vergebung durchschneidet Angst. Du könntest dich deinem nächsten Schritt von ganzem Herzen verpflichten, denn Verpflichtung hilft dir, den Sprung voran zu schaffen. Kampf bedeutet, dass du in die falsche Richtung gehst, und er verstärkt die Überzeugung, dass dein Glück außerhalb von dir liegt und dass jeder, der dich vermeintlich davon fernhält, es verdient hat, angegriffen zu werden. Kampf und Angriff gehen Hand in Hand, und Angriff und Selbstangriff sind das Fundament des Egos, die Schale, die dich von der Liebe, der Freude und dem Himmel trennt. Du könntest neu entscheiden, ob du in dein Ego oder in die Liebe investieren willst. Die Liebe würde euch beide befreien. Wahrheit und Freiheit gehen immer Hand in Hand.

Lektion 38

Warum du in Fallen tappst

Hast du dich jemals gefragt, warum du in bestimmte Fallen tappst? Vielleicht redet jemand dir ununterbrochen Schuldgefühle ein, und du tappst in die Falle. Vielleicht erpresst er dich emotional mit seinem Schmerz, wirft dir vor, dass du sein Herz brichst, oder droht dir mit Selbstmord. Vielleicht ärgerst du dich immer wieder über ein bestimmtes Verhalten oder fällst auf eine bestimmte Form von Bauernfängerei oder eine bestimmte Art von Manipulation herein. Du tappst in die Falle, weil du dich genauso verhältst.

Bei allem, was wir tun, ist unser Verhalten von einem bestimmten Maß an Blindheit und Leugnung geprägt. Vielleicht haben wir in unserer Kindheit oder Jugend etwas getan, das wir schon vor langer Zeit vergraben haben, statt es zu heilen. Wenn wir andere Menschen emotional erpressen, um sie zu manipulieren oder zu kontrollieren, oder wenn wir uns selbst nicht vergeben und deshalb die Lektion nicht gelernt haben, dann kann es leicht geschehen, dass wir in die Falle tappen, wenn jemand anderer sich uns gegenüber ähnlich verhält. Es ist leicht, zornig zu werden und zu verurteilen, wenn andere Menschen das tun, wofür wir uns selbst verurteilt haben. Es ist wichtig, dass du merkst, wenn du in eine solche Falle tappst, denn sie zeigt dir, was du tust oder getan und noch nicht bereinigt hast.

Ebenso wichtig ist es, dass du nicht wütend auf dich selbst wirst, weil du wütend bist, und dass du dich nicht selbst verurteilst, wenn du feststellst, dass du selbst genau das tust oder getan hast, was dich bei einem anderen Menschen in die Falle hat tappen lassen.

Darüber hinaus ist es wichtig, dich nicht in Schuld oder Selbstverurteilung zu verstricken, wenn du einem Betrug aufgesessen bist, weil dies auch Ausdruck eines unbewussten Seelen- oder Ahnenmusters sein kann. Du trägst es nach wie vor in dir, denn sonst wärest du nicht in die Falle getappt und hättest dich davon nicht aus der Fassung bringen lassen. Schuldgefühle verstärken jedoch lediglich das Muster, das du in dir trägst.

Es ist wichtig, dass du weder dich selbst noch andere Menschen verurteilst. Eine sehr einfache Übung der Vergebung, die dich befreit, findet sich in *Ein Kurs in Wundern*:

„Ich will mich dafür nicht verurteilen."

Wenn du unschuldig bist, erkennst du die List oder Manipulation. Du hörst den Hilferuf des Menschen, der glaubt, dessen, was er haben will, nicht würdig zu sein, und deshalb versucht, es durch Betrug, List, Manipulation oder Kontrolle zu bekommen. Einem anderen Menschen – und insbesondere deinem Partner – zu helfen, ihm zu vergeben und dich ihm zu verpflichten bringt deine Beziehung auf eine neue Ebene der Verbundenheit. Nutze diesen Satz heute und jeden Tag, um dich selbst und andere Menschen zu befreien:

„Ich will mich dafür nicht verurteilen."

Lektion 39

Jedes Problem und jeder Schmerz, den wir erleiden, ist eine Ausrede, um uns zu trennen

Jedes Problem und jeder Schmerz, den wir erleiden, liefert uns die Ausrede, die wir brauchen, um uns zu trennen. Jede Trennung basiert auf einem Groll, der es uns ermöglicht, einen anderen Menschen zum „bösen Buben" zu machen und von ihm abzurücken. Trennung, die mit dem Wunsch einhergeht, uns loszusagen und unabhängig zu sein, ist eine Kerndynamik aller Probleme, mit denen wir es zu tun haben. Trennung ist der Weg, der Schmerz, Hölle und Tod bedeutet und gepflastert ist mit unserem Groll, den wir benutzt haben, um andere Menschen zu Unrecht zu beschuldigen. Wir trennen uns, weil wir uns davor fürchten, den nächsten Schritt zu gehen. Wir haben Angst vor dem nächsten Schritt hin zu der Verbindung, die uns ein höheres Maß an Liebe und Erfolg bringen würde. Wir benutzen unsere falsche Schuldzuweisung als Ausrede, aber in Wirklichkeit geht es um unsere Angst. Unser Groll erschafft eine schmerzhafte Erfahrung nach der anderen. Sie machen uns krank und verletzlich. Sie schneiden uns von der Gnade ab und verleihen uns eine andere Selbstidentität als die, die

Gott uns in unserer Wesensnatur als reiner Geist und als sein Kind gegeben hat. Mit den zahllosen Selbstkonzepten, die bei jeder Trennung entstanden sind, haben wir zu beweisen versucht, dass wir uns selbst erschaffen haben, aber alle unsere Selbstkonzepte sind auf Schmerz aufgebaut und verhindern Fluss, Gnade und beseelte Führung. Unser Groll steht auf den Füßen der Unwahrheit und führt uns auf den Weg, der Hölle und Tod bedeutet. Er hat weit mehr mit unserer Schuld als damit zu tun, was andere Menschen getan oder nicht getan haben. Wir haben ihn benutzt, um unsere Trennung zu rechtfertigen und aufrechtzuerhalten.

Vergebung und Selbstvergebung sind gefordert, um uns auf den richtigen Weg zurückzubringen. Es ist der Weg der Liebe, der verbinden und nicht spalten will. Dieser Weg ist die vereinigende Entfaltung, die von Verbindung und nicht von unseren Rechtfertigungen für die Trennung herrührt. Entscheide dich für die Liebe, nicht für die Trennung. Nutze den heutigen Tag, um dich in jeder Situation für die Liebe zu entscheiden. Durchforste die Vergangenheit nach alten Fehlern, die der Berichtigung bedürfen. Sobald du erkennst, was du im Unterbewusstsein verborgen hast, und auch dein eigenes doppelzüngiges Verhalten siehst, das du vor dir selbst verborgen hattest, bist du wahrscheinlich viel eher bereit, anderen Menschen zu vergeben. Dies gilt vor allem dann, wenn du erkennst, dass du das Ereignis aus Angst und in deinem Verlangen nach Trennung selbst herbeigeführt hast. Dann kannst du dein höheres Bewusstsein bitten, seiner Aufgabe gemäß deine Wahrnehmung und die daraus herrührenden Emotionen zu berichtigen. Vergib dir selbst und richte deinen Willen auf die Wahrheit aus. Du wirst sie erkennen, weil sie verbindet, statt zu trennen.

Lektion 40

Emotionaler Schmerz weist auf eine Fehlschöpfung hin

Emotionaler Schmerz zeigt nicht nur einen Ort, an dem Heilung gefordert ist, sondern auch einen Ort, an dem wir fehlgeschöpft haben. Diese Fehlschöpfung haben wir selbst geplant, um uns zu trennen, und deshalb einen Menschen zum Sündenbock gemacht, der unsere Hilfe brauchte. Wir hätten ihm helfen können, haben uns stattdessen aber dafür entschieden, uns zu verstecken und uns sowohl in emotionaler als auch in anderer Hinsicht gehen zu lassen. Die Alternativen zu unserer Fehlschöpfung waren eine Seelengabe, die wir in uns tragen, ein Wunder des Himmels, unsere Lebensaufgabe und unsere Bestimmung. Niemandem war mit unserer Fehlschöpfung geholfen. Hätten wir uns anders entschieden, hätten wir dagegen uns selbst, demjenigen, den wir beschuldigt haben, den Menschen in unserer Umgebung und der Welt helfen können.

Es ist wichtig zu erkennen, dass wir immer dann, wenn wir aufgebracht sind, einen Fehler gemacht haben und dass es uns obliegt, ihn zu berichtigen. Wenn wir es nicht tun, bleibt er ein Ort des Angriffs und des Selbstangriffs. Wir wollen uns dieser Berichtigung nun verpflichten. Überprüfe alle Situationen aus deiner jüngeren und weiter zurückliegenden Vergangenheit, die du noch als schmerzhaft empfindest. Es ist ganz leicht, diese Fehler durch den Himmel und unser höheres Bewusstsein rückgängig machen zu lassen, sobald wir die Verantwortung für sie übernehmen. Wir wollen daher die Verantwortung für unsere Fehlschöpfungen übernehmen und es dem Himmel überlassen, sie für uns rückgängig zu machen. Dies ist zweifellos der müheloseste Weg zur Heilung.

Lektion 41

Was die Welt bezeugt

Deine nächtlichen Träume bezeugen, was in deinem Bewusstsein vorgeht, aber auch die Welt ist ein Spiegel deines Geistes. Du hast so viele Dinge an dir selbst verurteilt, dass du sie verbirgst, indem du sie unterdrückst und verdrängst. Deshalb gibt es das Unterbewusstsein und das Unbewusste, die weit größer sind als die Ebene deiner bewussten Wahrnehmung.

Deine Urteile, dein Groll und deine Schuldzuweisungen sind Versuche, dich von deiner Schuld zu befreien. Die Welt ist eine riesige Leinwand, auf die du dein Bewusstsein malst. Du benutzt alle deine Selbstkonzepte und Schattenfiguren, um Geschichten in die Welt hineinzuweben. Alles, was du in der Welt hasst, ist in dir. Alles, was du wertschätzt und von der Welt zu bekommen versuchst, ist in dir. Durch Vergebung und Integration holst du die Welt in Frieden und Ganzheit in dein Bewusstsein zurück. Blicke auf die Welt und segne sie, denn du segnest dich selbst. Wenn du einem anderen Menschen hilfst, hilfst du auch dir selbst. Wenn du einen anderen Menschen angreifst, greifst du dich selbst in gleichem Maße an. Alles, was du tust, tust du dir selbst an.

Vergib heute dir selbst, wenn du auf die Welt schaust. Segne dich selbst, wenn du die Welt segnest. Integration geschieht ganz einfach dadurch, dass du darum bittest, dass sie geschehen möge, und sie bringt neue, positive Ganzheit. Integriere die besten und die schlimmsten Dinge, die du in der Welt siehst, damit die Welt in zunehmendem Maße harmlos wird und du ein immer höheres Maß an Frieden erlangst.

Lektion 42

Wenn du am Ende deiner Kräfte bist

Wenn du am Ende deiner Kräfte bist und glaubst, nicht mehr weitermachen zu können, dass es nichts mehr gibt, das oder wofür weiterzumachen sich lohnt, dann bist du an einem Scheideweg angekommen. Die Entscheidung, die du jetzt triffst, ist von enormer Wichtigkeit. Dein Ego empfiehlt dir, aufzugeben oder zu sterben. Wenn du jedoch so weitermachst wie bisher, scheinen Burnout und Tod ebenfalls unausweichlich.

Wenn du in einer aussichtslosen Lage etwas finden kannst, das dich berührt und dein Herz öffnet, dann wirst du erfrischt und erneuert. Wenn es nicht zu dir kommt, richte deine Absicht darauf aus, dass es geschehen möge. Wenn du am Ende deiner Kraft bist und dich dem, was dieses Gefühl in dir auslöst, rückhaltlos hingibst, öffnest du dich paradoxerweise für eine neue Ebene. Der Trick besteht darin, dich dafür zu entscheiden, obwohl du keine Energie hast, dich ausgezehrt fühlst und der Gedanke, weiterzumachen, dir nicht verlockend erscheint. Dich zu entscheiden, obwohl dir nicht danach ist, ist eine Gabe deiner Willenskraft und deines Bewusstseins. Die Entscheidung, dich einem Menschen oder einer Sache voll und ganz hinzugeben, obwohl dir nicht danach ist, hilft dir, über den Punkt hinauszugelangen, an dem du feststeckst. Wenn du dich rückhaltlos einbringst, zeigt sich die Wahrheit der Situation, ohne dass du dein Leben zerstören musst, um dich daraus zu befreien. Wenn du vorangebracht wirst, indem du dich voll und ganz einbringst, stellst du manchmal fest, dass du nur eine schlechte Phase hattest, die du nun endlich überwunden hast. Manchmal löst eine Situation sich auch auf, wenn sie nicht der Wahrheit entspricht, ohne dass die daran beteiligten Menschen verletzt werden oder sich schuldig fühlen. Menschen, Situationen und Dinge werden in die richtige Perspektive gerückt. Eine Vorwärtsbewegung findet statt, und Authentizität stellt sich ein, die über Rollen hinausgeht. Neue Freiheit stellt sich ebenso ein wie ein neues Maß an Verbundenheit und wechselseitiger Abhängigkeit.

Wenn sich nichts ändert und du immer noch auf der Stelle trittst, kannst du den Himmel um Hilfe bitten. Es ist nicht der Wille des Himmels, dass du leidest oder auf der Stelle trittst. Du kannst die Hilfe erbitten, die immer bereits gewährt wurde. Heiße die Gnade und die Wunder willkommen, die in deiner Lage eine Wende herbeiführen können.

Wenn keine spürbare Veränderung eintritt, gehe den heimlichen Motiven deines Egos auf den Grund. Dein Verstand würde dir sagen, dass du nicht auf der Stelle treten willst, aber es ist eine Tatsache, dass du es tust. Durchleuchte also den verborgenen Anteil deines Bewusstseins, der diese Absicht verfolgt. ***Tue so, als ob*** du am Ende deiner Kräfte sein wolltest. Welchen Zweck könntest du damit verfolgen? Du selbst hast das entsprechende Drehbuch geschrieben. Du bist so weit gegangen, wie du gehen kannst. Was kannst oder darfst du tun, weil du am Ende deiner Kräfte bist und die Situation sich so darstellt, wie es gegenwärtig der Fall ist?

Möglicherweise erhältst du tief in dir vergrabene Antworten, zu denen eine falsche Geisteshaltung, Starrsinn und Boshaftigkeit gehören. Sie verbergen Angst vor Veränderung, unter der sich wiederum ein Autoritätskonflikt, die Anhaftung an Götzen und der Kampf gegen Gott verstecken. Das Ego treibt diese Dynamiken an, die den Zugang zur Liebe, zum Himmel und zu dessen Wundern versperren, weil wir immer noch versuchen, von der Erde zu nehmen. Dies sind unbewusste, grundlegende Dynamiken, die wir vor uns selbst verborgen halten und die sich so lange wiederholen, bis wir die Lektion lernen.

Öffne dich und heiße die Liebe des Himmels willkommen. Wiederhole die folgenden Worte aus *Ein Kurs in Wundern*:

„Das muss nicht sein."

Wenn du diese Worte sprichst und dich für sie entscheidest, können sie deine Wahrnehmung und deine Emotionen verändern. Wie bei einer Zwiebel schälen sie Schicht um Schicht des Problems ab, bis es sich vollständig aufgelöst hat. Du kannst sie wiederholen, bis die Hindernisse und Emotionen, die im Weg stehen, aus dem Weg geräumt sind. Du kannst sie so lange wiederholen, bis die gesamte Situation sich in neues Leben hinein aufgelöst hat.

Lektion 43

Jeder Groll liefert dir die Ausrede, die du brauchst, um unabhängig zu sein

Jeder Groll liefert dir die Ausrede, die du brauchst, um zu dissoziieren und unabhängig zu sein. Dies ist das Wesen des Egos. Es ist das Prinzip der Trennung. In jedem Augenblick stärkst du entweder das Ego, indem du dich auf die Seite der Trennung stellst, oder du stärkst die Liebe, indem du dich anderen Menschen zuwendest und mit ihnen teilst. Liebe segnet und schenkt sich selbst. Groll ist in Urteilen gefangen und verbirgt Gefühle des Versagens und der Schuld, die beide ebenfalls Trennung erzeugen. Sünde erklärt, dass ein Groll unverzeihlich ist. Das trennt dich von anderen Menschen, von dir selbst und von Gott, und es verbirgt deine eigene – in deinen Augen unverzeihliche – Schuld. Du erbaust eine Welt, die aus Illusionen besteht, und benutzt dazu die Trennung, die den Götzen des Todes verstärkt, die große Illusion, die deine Welt gefangen hält. Jede Krankheit, jeder körperliche und emotionale Schmerz und alle Probleme huldigen dem Tod als dem vermeintlichen Ausweg, der großen Erlösung.

Unabhängigkeit befreit dich nicht von Problemen, sondern schürt sie und verstärkt die Rollen der Aufopferung und des Opfers. Sie betrachtet den Tod als die höchste Form der Unabhängigkeit, die Befreiung von allem Zwist. Dein Groll verhindert, dass du dich weiterentwickelst, und statt auf das Leben zuzugehen, gehst du auf den Tod zu. Wenn sich ein ausreichendes Maß an Groll angesammelt hat oder du einen besonders tiefen Groll hegst, der nicht durch Verstehen oder Vergeben aufgelöst wird, dann gerätst du aus deiner Mitte und steuerst auf die Randbereiche zu, in denen der Tod seine Klauen nach dir ausstreckt und dich mit endgültiger Unabhängigkeit lockt. Jeder Groll und jeder Schmerz verbirgt deine Trennung und dein Bedürfnis nach der Illusion der Unabhängigkeit, die insgeheim dafür sorgt, dass du dich vom Leben abwendest. Groll ist eine Ausrede, nach der du suchst, um dich zu befreien, während er in Wirklichkeit dafür sorgt, dass du dich von der Wahrheit und vom Licht abwendest. Dein Groll zeigt einen Ort der Selbsttäuschung. Er zeigt einen Ort, an dem du aufgehört hast zu lieben und die Gabe, mit der du die Situation hättest bereinigen können, nicht gegeben hast. Unter dem Vorwand, verletzt worden zu sein, trennst du dich und gibst einem anderen Menschen die Schuld. Lasse deinen Groll, deine Ausreden und deine Investitionen in den falschen Gott des Todes heute los. In jeder Situation, in der du leidest, hat derjenige, der deinen Schmerz ausgelöst hat, dasselbe empfunden wie du und hätte deiner Hilfe bedurft. Wenn du die Situation aber benutzt, um gekränkt zu sein, dann trennst du dich. Und obwohl du allen anderen Menschen in selbstgerechtem Zorn und verletzt über die Kränkung berichtest, stärkst du die Macht deines Egos auf Kosten der Wahrheit und der Liebe. Befreie heute deinen Groll und dich selbst vom Weg des Todes.

Lektion 44

Götzen und Verstimmung

Alle Emotionen und jede Form von Verstimmung sind ein Zeichen dafür, dass du einen Götzen in dir trägst, einen falschen Gott, von dem du glaubst, er könne dich retten und befreien. Dazu sind Götzen jedoch nicht in der Lage. Unabhängig davon, ob du deinen Götzen bekommst oder nicht, sorgt er früher oder später für Ernüchterung und Verstimmung. Äußere Dinge können dir keine dauerhafte Freude bringen, denn Freude rührt von Hilfsbereitschaft und von dem her, was du gibst. Dauerhafte Freude kommt von innen.

Du kannst nicht verstimmt sein, ohne dass du einen Götzen in dir trägst und versuchst, eine bestimmte äußere Sache zu bekommen. Dies kann etwas sein, ***von dem du glaubst, es sei normal, es zu bekommen***, wie etwa Familienglück, Mutterliebe, Respekt und Unterstützung. Wir können jedoch fast alles zu einem Götzen machen, den wir anbeten.

Es ist wichtig, uns von unseren Emotionen und Verstimmungen zeigen zu lassen, wo wir einen Götzen in uns tragen. Wir benutzen unsere Götzen, um uns auf der Erde festzuhalten in dem Glauben, dass wir ein Körper sind und auf den Tod zusteuern. Ein Götze ist ein schlechtes Geschäft, weil er immer mit dem Tod endet. Wir benutzen unsere Götzen, um Gott zu bekämpfen und uns gegen den unaufhaltsamen Sog der Liebe zu wehren, die uns zuerst den Himmel auf Erden und danach den Himmel selbst bringen würde. Bei allem, was in unserem Leben geschieht, können wir mit Hilfe unserer Intuition oder auch unseres Verstandes herausfinden, welchen „positiven" Götzen wir bekommen wollten. Bei positiven Götzen kann es sich zum Beispiel um Geld, wahre Liebe, Beziehungen, Schönheit oder Verbundenheit innerhalb der Familie handeln. Im Anschluss daran können wir schauen, welche „negativen" Götzen wir mit Hilfe des Ereignisses bekommen wollten. Dazu zählen beispielsweise Verlust, Depression, Mitleid, Besonderheit, Herzensbruch, Angst, Schuld, Krankheit, Leiden, Aufopferung, Kreuzigung oder der Tod.

Setze deine Emotionen möglichst positiv ein, um Heilung zu bewirken. Wenn du herausgefunden hast, welche Götzen du in dir trägst, frage dich, wie viele von jeder Art es sind. Bringe sie zum Handelsposten des Himmels und nimm wahr, was du im Austausch dafür bekommst. Du hast in sie investiert, aber nun kannst du eine neue, aufgeklärtere Entscheidung treffen.

Lektion 45

Emotionen rühren von einer Fehldeutung her

Emotionen rühren von einer Fehldeutung her. Wenn du verstündest, was tatsächlich geschehen ist, würdest du nicht leiden. Wenn du von einer höheren spirituellen Warte aus sehen könntest, was geschieht, würdest du außerdem den Irrtum des Schmerzes, den du erlitten hast, erkennen. Dein Verstehen, weshalb Menschen sich auf eine bestimmte Weise verhalten haben, würde Mitgefühl in dir hervorrufen. Du würdest das verletzte Kind in ihnen sehen, das ihr verletztes Verhalten als erwachsene Menschen antreibt. Wenn du alle diese Dinge erkennen würdest, dann könntest du die Situation unmöglich benutzen, um dich selbst zu verletzen.

Deine Fehldeutung bringt dich in Situationen, die von Verletzung, Zorn und Angst geprägt sind. Daraus werden Teufelskreise, die einander gegenseitig nähren und dafür sorgen, dass du stecken und in Illusion und Schmerz gefangen bleibst. Ein einschneidendes, schmerzhaftes Ereignis setzt ein Muster der Fehldeutung in Gang. Deine Emotion zeigt, dass du dich persönlich gekränkt fühlst. Wenn es dich stört, wie andere Menschen handeln, geht es im Grunde jedoch nicht um dich, sondern vielmehr um ihr Verhalten, das durch ihren inneren Schmerz und ihre Bedürfnisse ausgelöst wurde. Es kann sich als unabhängiges, dissoziiertes Verhalten zeigen, das sie dazu bringt, blind ihre Bedürfnisse erfüllt bekommen oder sich verteidigen zu wollen. Sie verletzen dich, ohne sich dessen bewusst zu sein. Menschen handeln oder verteidigen sich aus blinder Angst oder Not heraus. Ihr Verhalten rührt von ihrem alten Schmerz oder der Dissoziation her, mit der sie den Schmerz verbergen, und es führt dazu, dass auch andere Menschen leiden. Du kannst es ihnen zur Last legen oder erkennen, dass es auf einer tieferen Ebene des Unterbewusstseins zeigt, dass du versprochen hattest, sie vor genau diesem Schmerz zu retten, statt ihre verletzten Emotionen auf dich zu nehmen und dir zu eigen zu machen. Es ist ein Teil deiner Lebensaufgabe. Wenn du die Fehldeutung in dir selbst heilst, kannst du sie auch bei anderen Menschen heilen, weil du sie zuerst in dir selbst geheilt hast.

Lektion 46

Emotionen zeigen, wo deine Regeln gebrochen wurden

Emotionen und Gefühle der Verstimmung können nur dann hochkommen, wenn deine Regeln gebrochen wurden. Eine Regel ist eine Abwehrstrategie, die du ersonnen hast, um dich selbst vor Schmerz zu schützen. Sie ist eine Form von Kontrolle, und wie jede Form von Kontrolle führt sie zu Unterdrückung oder zu einem Machtkampf. Als eine Form der Unterdrückung zwingt sie einen anderen Menschen, sich aufzuopfern, um dir zu dienen und für deine Sicherheit zu sorgen. Als eine Form der Kontrolle tut sie kund, dass „mein Weg" der beste Weg ist, und sie will, dass alle sich daran halten, um deine Sicherheit zu gewährleisten. Weil Kontrolle auf Angst und altem Herzensbruch beruht, führt sie auch zu dem alten Schmerz, der unter der Regel verborgen liegt. Das Wesen einer Abwehrstrategie liegt darin, das herbeizuführen, was sie zu verhindern versucht: „Alle Regeln sind dazu da, gebrochen zu werden."

Deine Regeln führen zu Leblosigkeit, wobei es keine Rolle spielt, ob du dich an sie hältst oder andere Menschen dazu zwingst, sich an sie zu halten. Regeln zerstören Spontaneität und sorgen dafür, dass du dich auf ausgefahrenen Gleisen bewegst. In dieser Situation ist ein Prinzip gefragt, das zum Dialog aufruft, statt einen Autoritätskonflikt herbeizuführen.

Wenn du dir die Zeit nehmen würdest, deine Regeln einer näheren Prüfung zu unterziehen, würdest du feststellen, dass sie nicht nur zahlreich, sondern auch widersprüchlich sind. Das macht es dir fast unmöglich, nicht zu leiden. Wenn eine Regel gebrochen wurde, wie es deine Verstimmung belegt, denke darüber nach, worum es dabei ging, und entscheide dich dafür, sie zu einem Prinzip zu machen. Nutze die Emotion dann, um die Wurzel aus der Vergangenheit zu heilen. Gehe anschließend der Frage nach, welche Angst vor dem nächsten Schritt in Nähe und Erfolg sich unter deiner Regel verborgen hat. Die Regel war nur ein Vorwand, um dich selbst zu schützen. Nutze das Prinzip des Loslassens und verpflichte dich der Wahrheit und dem nächsten Stadium in deinem Leben. Das hat zur Folge, dass du über deine gebrochenen und ungebrochenen Regeln hinaus- und wieder in den Fluss hineingelangst.

Lektion 47

Deine Emotionen stehen im Weg

Wenn du in irgendeiner Weise emotional aufgebracht bist, dann verhindern deine Emotionen jeden Fortschritt. Du stehst dir selbst im Weg und bist zu einem Hindernis für die Antworten geworden, die dich voranbringen würden. Du bist ein Teil des Problems und nicht ein Teil der Lösung. **Du stehst der Wahrheit im Weg.** Du stehst dem Wunder im Weg. Dass du in irgendeiner Weise leidest, ist nicht Gottes Wille. Es ist der Wille deines Egos, das dieses Ereignis benutzt und zu einem Teil der lebenslangen Geschichte macht, die du im Namen deines Egos erzählst. Ein Gebet, das ich für mich selbst erdacht habe und als extrem hilfreich empfinde, wenn es darum geht, mich selbst zu überwinden und dafür zu sorgen, dass eine Situation sich entfaltet, lautet: „Ich will der Lösung nicht länger im Weg stehen. Ich will von dieser Emotion absehen und beiseite treten, damit der Weg für das Wunder frei ist."

Lektion 48

Der sein,
der du sein wolltest

Ich habe über zweiundvierzig Jahre meines Lebens damit verbracht, andere Menschen aus ihrem Schmerz und den schlimmen Notlagen zu befreien, in denen sie feststeckten. Ich habe das Unterbewusstsein und das Unbewusste auf immer tieferen Ebenen erforscht. Ich habe das Rätsel der Emotionen entwirrt und bin zu der Erkenntnis gelangt, dass Emotionen, die Ereignisse, die sie antreiben, und die Geschichten und Entscheidungen, die sie in Gang setzen, alle auf einen Ort in uns hinweisen, an dem wir uns vor unserer Bestimmung und vor unseren Gaben und unserer Lebensaufgabe fürchten, die ein wesentlicher Teil dieser goldenen Bestimmung sind.

Deine Emotionen und die schmerzhaften Geschichten deines Lebens sind lediglich die Abkehr von deiner Bestimmung und der Versuch, außerhalb deiner selbst die Erfüllung zu finden, die du schon immer in dir getragen hast. Wenn du das Unterbewusstsein und das Unbewusste zur Oberfläche bringen und sichtbar machen würdest, wäre schnell klar, dass du ein großer Lügner warst und immer noch bist! Die Wahrheit zu sagen würde bedeuten, allen Schmerz, allen Verlust und alle Negativität zu heilen. Dich zu deiner Bestimmung zu bekennen heißt, zu einer Oase des Friedens für alle Menschen zu werden.

Dein Schmerz und deine dunklen Lebensgeschichten verbergen vorsätzlich deine Bestimmung und dein wahres Wesen. Deine Selbsttäuschung über den, der du wirklich bist, und über deine Bestimmung täuscht andere Menschen sowohl über dich als auch über sie selbst. Du verwechselst die Quelle deines Glücks und deinen himmlischen Ursprung. Deine Bestimmung liegt in deiner Meisterschaft, in der Brücke zwischen Himmel und Erde, die entsteht, wenn du wirklich erkennst, dass deine Bestimmung und deine Identität ein und dasselbe sind: Du bist reiner Geist. Die höchste Liebe hat dich als Liebe erschaffen. Du hast sie zugedeckt mit der Identität, die du selbst erschaffen hast. In den Tiefen des Unbewussten, fast immer vergraben unter einem hohen Maß an Kompensation, findest du deinen Eigensinn, deine falsche Geisteshaltung und auch deine Angst vor Veränderung, die deinen Autoritätskonflikt und deinen Kampf gegen Gott verbergen. Du hast deine Negativität vergraben, jene innere Dunkelheit, die von deinen Pakten mit dem Ego und den zahllosen dunklen Nächten der Seele herrührt, die du durchlebt hast, als du immer tiefer in die Trennung hineingefallen bist. Sie haben dich dazu gebracht, dunkle und schmerzhafte Erfahrungen zu machen.

Wünsche dir von ganzem Herzen die transzendente Liebe, überwältigende Freude, glückliche Unschuld und unentrinnbare Natur der Liebe Gottes, die dich dazu auffordert, dich an dein wahres Selbst zu erinnern und deine Ganzheit zu erkennen.

Lektion 49

Emotionen sind manipulativ

Manipulation ist die Methode, die das Ego einsetzt, um etwas zu bekommen oder zu nehmen. Es versucht zu manipulieren, um deine Bedürfnisse auch ohne Verbundenheit erfüllt zu bekommen, damit du deine Unabhängigkeit bewahren kannst. Manipulation verbirgt deine Abhängigkeit ebenso wie deine Bedürfnisse, die ihrerseits deine Unabhängigkeit verbergen. Abhängigkeit und Unabhängigkeit nähren einander in einem Teufelskreis. Deine Bedürfnisse sind entstanden, weil du unabhängig sein wolltest, aber der Verlust der Verbundenheit hat dich nicht nur unabhängig, sondern auch schwach, bedürftig und ängstlich gemacht. Diese Anteile deiner selbst sind untereinander uneins, sodass deine Unabhängigkeit dir auch noch einen inneren Konflikt beschert. Das Ego hat immer schnell Lösungen zur Hand, die nicht funktionieren. Manipulation mag kurzfristig etwas bewirken, führt langfristig aber immer in eine Katastrophe.

Dann versuchst du, zu nehmen und zu bekommen, um deine Unabhängigkeit zu bewahren und zugleich einen Mangel zu befriedigen. Der Versuch, zu nehmen und zu bekommen, setzt ein Spiel in Gang, bei dem es Gewinner und Verlierer gibt, und wenn du bei diesem Spiel mitmachst, wirst du irgendwann zwangsläufig verletzt. Früher oder später verlierst du. Niederlage und Herzensbruch sind die Folge. Ein Herzensbruch setzt ein Muster des Herzensbruchs und wenig später auch ein Muster der Rache in Gang, die das Muster des Herzensbruchs weiter verstärkt.

Manipulation gibt dir zwar das Gefühl, zu den Gewinnern zu gehören, hat aber ein Nachspiel. Wenn du manipulierst, bist du weder verbunden, noch besitzt du das Selbstwertgefühl, das es dir erlaubt, das zu erbitten und zu empfangen, was du willst. Weil du dich unwürdig fühlst, versuchst du andere Menschen zu manipulieren, um deine Bedürfnisse erfüllt zu bekommen, wirst aber irgendwann zurückgestoßen, weil sie sich gegen dein Nehmen wehren, was wiederum dein Gefühl der Unwürdigkeit verstärkt.

Alle Emotionen rühren von einem Verlust her. Wir benutzen sie, um Mitleid zu erregen oder das aus dem Verlust herrührende Bedürfnis durch emotionale Erpressung erfüllt zu bekommen. So entsteht ein Teufelskreis aus Manipulation und Verletzung, der bewirken kann, dass alle deine Beziehungen scheitern. Das macht dich entweder so unabhängig, dass deine Chance, jemals einen Partner zu finden, äußerst gering ist, oder es macht dich zum Opfer – mit dem gleichen Ergebnis. Dann hat das Ego deine Beziehungen untergraben, die der schnellste Weg zu Heilung, Wachstum und spiritueller Entwicklung sind. Emotionen lassen dich wissen, dass bei dir ein Muster aus Verletzung und Manipulation am Werk ist. Heilung gibt dir die Möglichkeit, dieses Muster zu transformieren, das deine Beziehungen und deine Arbeit auf einer primitiven Ebene festgehalten hat, auf der es Sieger und Verlierer gibt, und das verhindert, dass du auf die Ebene des Gleichgewichts und der emotionalen Reife gelangst.

Manipulation ist abstoßend und versucht, einen anderen Menschen deinem Willen zu beugen, statt einen gemeinsamen Weg zu finden, auf dem ihr beide gewinnen, ein neues Maß an Verbundenheit erfahren und den nächsten Schritt gehen könnt. Du solltest auch wissen, dass das Maß, in dem ihr beide – du selbst und dein Partner – manipulativ seid, dem Maß entspricht, in dem *du* manipulativ bist. Deine Manipulation zeugt von altem Herzensbruch und alten Verletzungen, die du noch nicht geheilt hast und die nun dafür sorgen, dass du in einem alten, selbstschädigenden Trott gefangen bist.

Annehmen ist ein Prinzip der Heilung, das Manipulation, Herzensbruch und Verletztheit transformiert. Beginne einfach, indem du die schlimmste Emotion beziehungsweise das schlimmste Verhalten, dann die zweitschlimmste und dann die drittschlimmste Emotion annimmst. Nimm dann dich selbst und alle an der Situation beteiligten Menschen und schließlich alle Aspekte der Situation sowie alle anderen Emotionen an, die in dir hochkommen. Das Maß, in dem es dir Mühe bereitet, etwas anzunehmen, entspricht dem Maß, in dem die Vergangenheit die jetzige Situation nährt. Wenn du nicht annimmst, bleibst du in der Situation und in den damit verbunden Gefühlen stecken. Das, was du annehmen sollst, muss dir nicht gefallen, aber ohne Annehmen, das ein machtvolles Prinzip der Heilung ist, kannst du den nächsten Schritt nicht gehen. Anstatt manipulieren zu wollen, um das zu bekommen, was du willst, lasse dich vom Annehmen in den Himmel auf Erden führen.

Lektion 50

Jeder Groll liefert dir die Ausrede, die du brauchst, um anzugreifen

Wenn du einen Groll hegst, dann glaubst du, dass du verletzt wurdest und dass ein Unrecht geschehen ist. Du fühlst dich beleidigt, verletzt und deshalb in deinem Groll gerechtfertigt, und der Zorn, der von dir ausgeht, erscheint dir nur richtig. Du bist so sehr in deiner Vergangenheit gefangen, dass du nicht erkennst, dass du die Wunde, die dir deiner Meinung nach von einem anderen Menschen zugefügt wurde, nun an die Menschen weitergibst, die dir nahestehen. Dein Groll ist deine Ausrede dafür, dich – auch in emotionaler Hinsicht – gehen zu lassen. Du erkennst nicht, dass du angreifst, und falls doch, findest du dafür vor dir selbst eine rationale Rechtfertigung. Du übernimmst die verwundete Welt und gibst die Verwundung an die Welt zurück.

Was muss geschehen, damit du aufwachst? Was muss geschehen, damit du die Wunde heilst, die dir zugefügt wurde, zumal es genau die Wunde ist, die zu heilen du versprochen hast? In deinem Geist liegen genau die Gaben verborgen, die lindern, trösten und heilen. Vielleicht ist Mitgefühl deine Gabe, obwohl dein Herz in diesem Augenblick verhärtet ist. Vielleicht ist es die Erinnerung an das heilige Versprechen, das du gegeben hast, genau den Menschen zu heilen, der dich vermeintlich verletzt hat, obwohl du diese Tatsache benutzt, um dich zu verstecken. Vielleicht ist es Vergebung, die dir hilft, zu erwachen und sowohl den Menschen, gegen den du den Groll hegst, als auch dich selbst zu befreien. **Es gibt keine Ausrede dafür, andere Menschen anzugreifen**, auch wenn deine Angst und deine alten Verletzungen deinen Angriff zu rechtfertigen scheinen. Es ist an der Zeit, die Vergangenheit und ihren Groll loszulassen, damit du das Glück erfahren kannst, das jetzt für dich verfügbar ist.

Lektion 51

Groll besteht aus alten Emotionen, die unser Herz verhärten

Groll besteht aus alten Emotionen, die nicht aufgelöst wurden. Sie bringen jeden Fluss zum Stillstand, blockieren unsere Inspiration, verstärken Schuld und verwandeln alles in harte Arbeit. Die Wurzeln gegenwärtiger Emotionen liegen fast alle in der Kindheit, und deren Wurzeln liegen im Mutterleib. Die Ereignisse im Mutterleib sind ein Widerhall von Seelen- und Ahnenmustern. Immer wenn etwas aus der Ursprungssituation geschieht, wird unser Herz ein wenig härter. Wir werden in höherem Maße zum Opfer, opfern uns in höherem Maße auf und werden unabhängiger. Wir werden entweder hysterischer oder dissoziierter und manchmal auch beides. Wenn unser Herz sich verhärtet, schneiden wir uns von der Natur, von unseren Beziehungen und vom Himmel ab. Je stärker unser Herz sich verhärtet, umso zynischer und desillusionierter werden wir. Unsere Muster und Themen sind Fehler, die wir machen und die unaufhörlich verstärkt werden. Groll ist ein Zeichen dafür, dass wir die ursprüngliche Situation falsch verstanden haben, Schuld zugewiesen und unsere Hilfe verweigert haben. Wir haben unser Versagen und unsere Schuld nach außen projiziert, um uns vor unseren Gaben, unserer Lebensaufgabe und unserer Bestimmung zu verstecken. Groll hält uns in unserem Versteck fest. Er wurzelt in Hilflosigkeit, in Selbstangriff und im Angriff auf andere Menschen. Je stärker unser Herz sich verhärtet, umso kratzbürstiger werden wir in unseren Beziehungen. Groll ist auf Selbsttäuschung und Schmerz aufgebaut, die beide ein hoher Preis für die Lüge sind, die wir uns selbst und dem Leben aufgetischt haben. Es ist an der Zeit, Wahrheit und Vergebung in deinem Leben endlich willkommen zu heißen. Die Zeit für eine Neugeburt deines Herzens ist gekommen.

Lektion 52

Meine Emotionen zeigen, dass ich Recht haben will

Emotionen zeigen, dass du im Hinblick auf eine bestimmte Sache unbedingt Recht haben willst. Recht-haben-Wollen scheint ein Ziel zu sein, das die meisten Menschen anstreben. Sie verstehen jedoch nicht, was es bedeutet und welchen Preis sie dafür zahlen. Menschen, die den mit ihren Emotionen einhergehenden Schmerz durchleben, wollen Recht haben und bezahlen dafür mit ihrem Glück. Recht-haben-Wollen zeigt nicht nur einen Glaubenssatz, sondern fast immer ein ganzes Glaubenssystem. Das Ego stärkt mit Hilfe solcher Glaubenssysteme seine Macht, indem es dich von dir selbst, von anderen Menschen und von der Gnade trennt. Durch deine Urteile setzt es andere Menschen ins Unrecht und verstrickt dich in Kämpfe. Recht-haben-Wollen ist eine Abwehrstrategie, die dich vor deiner Schuld schützen soll, indem sie versucht, sie auf andere Menschen zu projizieren, und keine Verantwortung für die Situation übernimmt. Deine Emotionen benutzt sie als Trumpfkarten. Recht-haben-Wollen ist urteilend, polarisierend, abschätzig und überheblich. Es stellt andere Menschen unter dich, und du willst beweisen, dass du nicht wie sie bist. Leider ist dein herablassendes

Verhalten ein Zeichen dafür, dass du glaubst, ihnen unterlegen zu sein.

Recht-haben-Wollen führt zu Kämpfen, einer Abwehrhaltung, Machtkampf, Leblosigkeit und Unglücklichsein. Auch wenn du den Konkurrenzkampf hin und wieder gewinnst, benutzt du den gleichen Mechanismus, um dich ins Unrecht zu setzen. Recht-haben-Wollen ist eine Form von Arroganz. Es schleicht sich in deine Emotionen ein und versucht, andere Menschen herablassend zu behandeln, um Gefühle der Unzulänglichkeit zu kompensieren. Selbst wenn du eine Opferhaltung einnimmst, kannst du moralischen Aufstieg und geistige Überlegenheit geltend machen. Wenn ich in einer negativen Situation gefangen bin, bete ich oft: „Ich hoffe, dass ich diesbezüglich Unrecht habe, denn wenn ich Recht habe, ist dies das Resultat."

Wenn du diese Worte mit Autorität sprichst, dann überprüfe, ob es sich um eine Abwehrstrategie gegen Schuld sowie gegen Gefühle der Schwäche und der Unsicherheit handelt. Falls ja, entscheide dich dafür, diese Abwehrmechanismen und deine Schuld zu integrieren. Deine felsenfeste Überzeugung ist womöglich nur eine Tarnung für deinen Mangel an Sicherheit oder soll ein bestimmtes Bild deiner selbst untermauern. Wenn dein Verhalten andere Menschen abstößt, ist es mit Sicherheit eine Abwehrstrategie, die du im Namen des Egos einsetzt und die mit allem integriert werden kann, was sich darunter verbirgt.

Lektion 53

Ein Problem zeigt, dass du dich vor deinen Emotionen fürchtest

Ein Problem zeigt, dass du dich vor deinen Emotionen fürchtest. Ein Problem ist ein Hinauszögern. Es ist der Versuch, Emotionen zu verstecken und dich nicht mit ihnen auseinanderzusetzen. Ein Problem zeigt gespeicherte Emotionen aus der Vergangenheit, und weil du dich nicht mit ihnen befasst, verursachen sie dir ein wachsendes Maß an Stress. Wenn der Stress groß genug wird, verwandelt er sich in einen Stolperstein. Der Konflikt war in deinem Problem bereits vorhanden. Ein Konflikt steht für einen Anteil deiner selbst, der sich mit den Emotionen nicht befassen will. Der andere Anteil ist bereits in den Emotionen gefangen. Darunter verbirgt sich zudem der Konflikt deines Bewusstseins, das zwei unterschiedliche Dinge will. So will ein Anteil sich beispielsweise verstecken, während der andere Anteil sein Licht leuchten lassen möchte. Ein Anteil will unabhängig sein, während der andere Anteil verbunden sein will. Du willst deine Lebensaufgabe und deine Bestimmung leben, aber der entgegengesetzte Anteil bringt dich dazu, dich vor dir, deiner Berufung und deiner Größe zu fürchten. Diese Konflikte nehmen kein Ende. Sie erzeugen Angst, Schmerz, Schuld und Gefühle der Unzulänglichkeit und der Festgefahrenheit. Wenn du jedoch bereit bist, die Emotionen aufzudecken, die unter jedem Problem verborgen liegen, und sie entweder zu fühlen, bis sie sich in Frieden verwandelt haben, oder sie dem Himmel zu übergeben, dann bist du von ihnen befreit, und Heilung kann geschehen. Es gibt viele Methoden der Heilung, und diese beiden – die Emotionen zu fühlen, bis sich Frieden einstellt, oder sie loszulassen, indem du sie dem Himmel übergibst – sind die jeweiligen Enden des Spektrums, in dem Heilung geschieht. Beide Methoden funktionieren, wenn du es wirklich willst.

Lektion 54

Die Hölle des Recht-haben-Wollens

Das Bedürfnis, Recht zu haben, kann dich in eine Hölle bringen, die du selbst erschaffen hast. Es beruht auf einem Urteil, und Urteile erzeugen Leiden. Wenn du selbstgerecht bist, trittst du auf der Stelle. Du bist nicht offen für Alternativen und für Antworten, die nicht zu deiner Antwort passen. Das Problem bei deiner Antwort liegt darin, dass Selbstgerechtigkeit eine Abwehrstrategie ist, um deine Schuld zu verbergen. Deine Selbstgerechtigkeit verbirgt mit anderen Worten also die Tatsache, dass du im Unrecht bist.

Jede problematische Situation passt zu deinen Glaubenssätzen. Ungeachtet ihrer Problematik ist sie also ein Ort, an dem du Recht haben willst, wenn es um deine Glaubenssätze geht. Sie können von Familien- und Beziehungsmustern im Unterbewusstsein herrühren, manchmal allerdings auch von Seelenmustern, die auf der unbewussten Ebene – auf der Glaubenssätze immer Selbstkonzepte sind – gespeichert sind. Wenn du deine Gedanken hartnäckig als absolute Wahrheit hinstellst, würdigst du die Gedanken der Menschen in deiner Umgebung herab. Wenn deine Entwicklung eines Tages weit genug vorangeschritten ist, wirst du deine kleinen Glaubenssätze überschreiten, um dich mit den kollektiven Glaubenssätzen in der Welt zu befassen.

Immer wenn du Höllenqualen leidest, zeigst du damit, dass du Recht haben willst. Deine Selbstgerechtigkeit setzt andere Menschen ins Unrecht und ist der Versuch, sie zu Verlierern zu machen. In Wirklichkeit projizierst du jedoch deine eigenen Schuldgefühle auf sie. Auf einer unbewussten Ebene stehen sie zudem für Projektionen dessen, was du von dir selbst glaubst. Wenn du schließlich zum Bewusstseinsstadium der Einheit gelangst, wirst du erkennen, dass es niemand anderen, sondern nur dich gibt. Alles bist du. Alle Menschen sind untrennbar verbunden. Dafür zu sorgen, dass ein anderer Mensch verliert, heißt also, selbst zu verlieren. Ebenso gilt, dass du alles, was du anderen Menschen gibst, auch dir selbst gibst.

Gehe heute deinen Problemen auf den Grund und finde heraus, in Bezug worauf du Recht haben willst. Lasse es los. Gehe deinen Kämpfen auf den Grund. In Bezug worauf willst du Recht haben? Lasse es los. Gehe deinen Urteilen auf den Grund. In Bezug worauf willst du Recht haben? Lasse es los. Lasse dann alle Schuld los, die unter deinem Urteil, deinem Groll und deiner Selbstgerechtigkeit verborgen liegt.

Lektion 55

Das Maß an Leblosigkeit in deinem Leben entspricht dem Maß deiner Aufopferung

Das Maß an Leblosigkeit in deinem Leben entspricht dem Maß, in dem du dich aufopferst. Aufopferung kann viele Formen annehmen, duldet jedoch nicht, dass du empfängst, weil das Ego dich davon überzeugt hat, dass Aufopferung ein Weg ist, deine Schuld zu tilgen und dein Versagen wiedergutzumachen. Sie kann jedoch niemals heilen, transformieren oder sühnen. Stattdessen drückt sie dich nieder, macht dein Leben leblos und lässt deinen Körper altern. Aufopferung ist von ihrem Wesen her sowohl eine Abwehrstrategie als auch eine Kompensation, sodass aller Lohn der Abwehrstrategie zugutekommt und daher nicht empfangen werden kann. Empfangen ist eine Form von Liebe, die dich erfrischt und erneuert. Sie lässt nicht nur deine Liebesfähigkeit, sondern auch deine Liebenswürdigkeit wachsen.

Aufopferung erzeugt ein so hohes Maß an Leblosigkeit, dass vollkommene Erschöpfung die Folge ist. Um ihre Wirkung abzuschwächen, schlägt das Ego vor, dass du schwelgst. Dies kann emotional, aber auch in Form von

Drogen, Alkohol, Essen, Sex oder Kaufsucht geschehen. Schwelgen ist jedoch eine vorgetäuschte Form des Empfangens. Es lässt niemals zu, dass du empfängst, weil es gleichzeitig eine Kompensation ist. Außerdem betäubt und zermürbt es dich. Bald steckst du in einem Teufelskreis aus Schwelgen und Aufopferung, weil du dich wegen deines Schwelgens schuldig fühlst und dich wieder aufopferst, um dafür zu zahlen. Dies beschleunigt das Tempo, in dem die Leblosigkeit in deinem Leben zunimmt, raubt dir die Jugend und lässt deinen Körper für die Fehler deines Bewusstseins zahlen, derweil dein Leben zunehmend verödet. Du arbeitest härter, um deine Stellung zu halten, verdienst aber weniger Geld, weil die Welt um dich herum zu veröden scheint und du keinen Ausweg siehst. Das bewegt die Menschen zu drastischen Schritten. Sie kündigen die „Vereinbarung ihres Lebens" auf. Ihr Handeln nimmt selbstzerstörerische Züge an. Sie schwelgen maßlos, haben Affären, richten ihre Firma zugrunde und geraten in Abhängigkeit, weil das Leben, das sie sich selbst aufgebaut haben, sie erdrückt.

Es gibt unendlich viele Schichten der Aufopferung, die ihrerseits unzählige Formen annehmen können. Immer wenn du die Verbundenheit zugunsten einer Identität aufgibst, die du aus Trennung, Verlust, Schmerz und Versagen aufgebaut hast, hast du dich für Aufopferung, Unabhängigkeit und für die Rolle des Opfers entschieden.

Jeder Ort, an dem du unabhängig bist oder glaubst, Opfer zu sein, ist ein sicheres Zeichen dafür, dass du dich aufopferst. Jedes Zeichen von Leblosigkeit, Erschöpfung oder Festgefahrenheit ist ein Zeichen dafür, dass du dich aufopferst. Jeder Ort, an dem „ich sollte", „ich müsste", „ich muss" dein Leben bestimmen, ist ein sicheres Zeichen für Aufopferung, die nicht zulässt, dass du empfängst. Jeder Ort, an dem du gute oder nette Rollen spielst, wie etwa den „guten Buben", das „nette Mädchen" oder den „hart Arbeitenden", ist ein Zeichen dafür, dass du dein Leben und die ihm innewohnende Freude zugunsten von Vorschriften und Verordnungen aufgegeben hast. Jeder Ort, an dem nicht Wahrheit und Integrität, sondern die Regeln von richtig und falsch über dein Leben bestimmen, ist von Aufopferung und politischer oder religiöser Korrektheit geprägt. Die Schuld wird nicht geheilt, sondern verstärkt. Aufopferung kann dein Leben in vielerlei Weise sabotieren. Tatsächlich ist jede Form von Sabotage ein Zeichen von Schuld, weil du eher dein Leben zerstörst, als durch ein noch höheres Maß an Leblosigkeit und Erschöpfung zu gehen.

Aufopferung kann jedoch mühelos geheilt werden. Immer wenn du merkst, dass du dich aufopferst, **entscheide dich dafür, das, was du tust, zu tun**. Deine Entscheidung macht es zu einem Akt des Gebens statt zur Aufopferung. Immer wenn du feststellst, dass du dich aufopferst, bitte darum, dass alle Selbstkonzepte des Schwelgens, des Opfers und der Unabhängigkeit ebenso befreit werden wie die Schuld und die Gefühle des Versagens, die darunter verborgen liegen. Immer, wenn du feststellst, dass du dich aufopferst, integriere die Aufopferung mit allen Emotionen, die sie kompensiert. Dies tust du, indem du dich dafür entscheidest, dass es geschehen möge, oder indem du den Himmel darum bittest, es für dich zu tun.

Verpflichtung – die Entscheidung, dich voll und ganz einzubringen, um die Situation zu transformieren – ist ein Prinzip, das du ebenfalls einsetzen kannst, weil Aufopferung immer bedeutet, dass du dich selbst zurückhältst. Verpflichtung heilt jeden Konflikt aus der Vergangenheit, der dein Bewusstsein in der Spaltung festhält. Du kannst dich der Wahrheit, dem nächsten Schritt, dir selbst, deinem Partner, deiner Arbeit, deinem Herzen und dem Himmel verpflichten, weil alle diese Dinge die Verbundenheit wiederherstellen und dir ein noch höheres Maß an Mühelosigkeit und Fluss bringen.

Lektion 56

Das Maß an Leblosigkeit und Aufopferung in deinem Leben entspricht dem Maß, in dem du dich versteckst

Das Maß an Leblosigkeit und Aufopferung in deinem Leben entspricht dem Maß, in dem du dich versteckst. Es gibt viele Gründe dafür, dass du dich in der Toten Zone befindest. Die Tote Zone ist ein Entwicklungsstadium, dem wir uns alle stellen und das wir heilen müssen. Während wir in allen anderen wichtigen Wachstumsstadien vor einer großen Herausforderung stehen, müssen wir uns in der Toten Zone, dem letzten Stadium der Unabhängigkeit, vier großen Lektionen stellen, die unser Leben betreffen, sowie einer noch größeren Zahl an Lektionen, die mit unseren Beziehungen zu tun haben.

Wenn du längere Zeit in der Toten Zone feststeckst, fühlt es sich jedoch so an, als würdest du einfach nur alt und als sei das der Grund für deine Symptome. Du benutzt Leblosigkeit und Aufopferung in deinem Leben vor allem, um dich zu verstecken. Leblosigkeit ist eine Sicherheitszone, in der du keine großen Risiken eingehst, und das führt dazu, dass du deine Gaben zurückweisen und vor deiner Lebensaufgabe und deiner Bestimmung davonlaufen kannst. Du glaubst, dass du alle diese Dinge haben willst, aber wenn du sie nicht hast, dann zeigt das, dass du lieber so sein willst wie alle anderen Menschen, statt dein Licht leuchten zu lassen. Wahre Führerschaft, Vision, Meisterschaft und das große Glück bedeuten jedoch, dass du unwiderstehlich bist, liebenswürdig bist, dein Licht leuchten lässt, dich zu deiner Größe bekennst und dein heiliges Versprechen erfüllst, während du dich für deine Bestimmung entscheidest und dich selbst als geistiges Wesen und von Gott geliebt anerkennst. Die Alternative besteht darin, lieber zu glauben, dass du ein Ego und ein Körper bist.

Es ist an der Zeit, dich für die Wahrheit zu entscheiden, statt dich weiterhin unter Aufopferung, Unabhängigkeit und alten Opfergeschichten zu verstecken. Du bewahrst deine Unabhängigkeit, um nicht noch einmal zum Opfer gemacht zu werden, erkennst aber nicht, dass du den Schmerz zusammen mit Geschichten des Opfers, der Rache, der Schuld und des Versagens nicht aufgegeben hast, weil du versprochen hattest, genau die Menschen zu retten und zu erlösen, die dich verletzt haben. Wenn deine Seele es versprochen hat, muss es einen Weg geben. Sowohl dein alter Schmerz als auch deine Opfergeschichten, deine Aufopferung und deine Unabhängigkeit weisen jedoch auf die Tatsache hin, dass du über die Vergangenheit nicht hinweggekommen bist und es daher immer noch vorziehst, in deinem Versteck zu bleiben.

Nun ist die Zeit gekommen, dich für deine Bestimmung zu entscheiden. Dies gibt dir die Möglichkeit, den Plan des Himmels und nicht den Plan deines Egos für dein Leben zu verwirklichen. Du brauchst lediglich die Kontrolle aufzugeben, damit es mühelos geschehen kann. Überlasse Gott den Pilotensitz, statt ihn nur zum Co-Piloten zu machen. Schaue dir an, wie gut dein eigener Plan für das Glück aufgegangen ist. Stelle dir vor, wie viel mehr Liebe und Freude es in deinem Leben geben könnte, wenn du den Plan des Himmels verwirklichst, der weder Schmerz noch Aufopferung oder Schuld birgt.

Unterziehe dein Leben einer genauen Prüfung. Was möchtest du in deinem Leben verwirklichen?

Lektion 57

Wenn ein anderer Mensch dir Schmerz zufügt, hast du eine Wahl

Wenn ein anderer Mensch dir Schmerz zufügt, dann hast du eine Wahl. Der Schmerz, der dir in einer Situation von einem anderen Menschen zugefügt wird, ist sein eigener Schmerz, den er auf dich überträgt. Er hat ihn in sich getragen. Es ist Schmerz, den andere Menschen auf ihn übertragen haben. Der Schmerz kann sich zum Beispiel in Form von Stress, Aufopferung, Schuld, Herzensbruch, Angst, Verletztheit oder Kontrolle zeigen.

Denke an die Zeiten zurück, in denen du verletzt und zum Opfer gemacht wurdest. Der Schmerz, den du gefühlt hast, war der Schmerz, den derjenige, der dir Leid zugefügt hat, in sich getragen hat. Dieser Schmerz hat ihn dazu gebracht, so zu handeln, wie er es getan hat. Da du die gleiche Erfahrung gemacht hast, kannst du verstehen, wie groß das Maß an innerem Schmerz war, das er erlitten hat.

Wenn der Schmerz bei dir ankommt, musst du eine Entscheidung treffen. Im Prinzip hast du drei Möglichkeiten. Du trägst den Schmerz in dir und gibst ihn an andere Menschen weiter. Du ziehst dich zurück und handelst entgegengesetzt zu dem Menschen, der seinen Schmerz an dich weitergegeben hat. In diesem Fall fügt dein Rückzug jedoch ungewollt anderen Menschen den Schmerz zu, der an dich weitergegeben wurde. Die dritte Möglichkeit besteht darin, den Schmerz zu heilen. Du entscheidest: „Die Sache findet hier ein Ende." Und du hast den Mut, etwas gegen den Schmerz zu unternehmen. Du kannst zum Beispiel ganz einfach alle Emotionen fühlen, ohne dich von ihnen abzuwenden. Du hast den Mut, sie zu fühlen und durch sie hindurchzugehen, bis sich ein Zustand inneren Friedens einstellt. Du kannst die Emotionen aber auch dem Himmel übergeben und über sie hinausgehen. Du kannst dich auch von den Emotionen lösen, die zeigen, wo du feststeckst und deshalb in die Opfersituation investiert hast. Nun kannst du die Entscheidung treffen, dem Wunder nicht länger im Weg zu stehen, das durch die Situation geschehen will. Deine Emotionen haben es blockiert. Du hast ihm im Weg gestanden. Wenn du den Weg frei machst, dann kann sich die Situation auf wundersame Weise entfalten.

Zwischen der Möglichkeit, deine Emotionen zu fühlen, und der Möglichkeit, sie an den Himmel zu übergeben, liegen zahllose Methoden der Heilung, die du anwenden kannst. Der Schlüssel liegt darin, zu erkennen, dass du eine Wahl hast. Du kannst das Muster heilen. Du musst den Schmerz nicht verstärken, indem du ihn an einen anderen Menschen weitergibst oder indem du dich in der Absicht zurückziehst, das Leid nicht weiterzugeben. Du tust es, wenn auch unabsichtlich, trotzdem. Heilung ist der einzige Weg, der dich befreien und zugleich verhindern kann, dass du den Schmerz weitergibst. Vergebung befreit dich und denjenigen, der ihn an dich weitergegeben hat. Du hast eine Seelengabe mitgebracht, um ihn zu heilen. Der Himmel hält ein Wunder bereit, um ihn zu heilen. Du kannst diese Gaben an den Menschen weitergeben, der dich zum Opfer gemacht hat, an alle anderen Menschen, die er zum Opfer gemacht hat, sowie an alle Menschen, die ihn zum Opfer gemacht haben. Darüber hinaus kannst du sie an alle Menschen weitergeben, die du in dieser Zeit zum Opfer gemacht hast. Du kannst die Gaben durch das gesamte Netzwerk weitergeben und alle Menschen erlösen. Dadurch verändert sich ein Muster in der Welt, und es ist ein großer Schritt auf dem Weg zur Erfüllung deines heiligen Versprechens, dich selbst zu heilen und die Welt zu retten. Du erhebst alle Menschen, wenn du dich dafür entscheidest, das gesamte Netzwerk zu heilen und zu erlösen.

Lektion 58

Vernachlässigung und Wertschätzung

Wenn du mit einem Gefühl der Vernachlässigung aufwächst, empfindest du meist keine Wertschätzung für dich selbst. Dieser Mangel an Selbstwert kann zur Folge haben, dass du dich selbst nicht einbeziehst. Er kann echte Partnerschaft verhindern, weil du unfähig bist, dich hinzugeben oder von anderen Menschen zu empfangen. Du fühlst dich unwürdig und versuchst unter Umständen, dieses Gefühl zu kompensieren, indem du ein „guter" Mensch bist, hart arbeitest oder nach Möglichkeiten suchst, dich aufzuopfern.

Das Gefühl, nicht wertgeschätzt zu werden, weil du vernachlässigt wurdest, macht es schwer für dich, deinen eigenen Wert zu finden. Dies kann chronische Probleme in Beziehungen, im Beruf und sogar in deinem Lebenswillen zur Folge haben.

Ich habe allerdings herausgefunden, dass du das, was deine Eltern dir nicht gegeben haben, als Gabe für sie mitgebracht hast. Im Rucksack deiner Seele hast du genau das mitgebracht, was sie brauchten. Du brauchst in keinem Problem steckenzubleiben. Es gibt einen Ausweg, und er ist relativ einfach. In diesem Fall besteht er in der Erkenntnis, dass du unter deinem Gefühl der Vernachlässigung genau das in dir trägst, was du von deinen Eltern zu brauchen glaubtest. Gehe also unter deinen Groll, unter dein Urteil, unter alle Gefühle der Traurigkeit oder des Selbstmitleids. Dort findest du in dir die Seelengabe, die Vernachlässigung zu heilen vermag. Öffne und erfülle dich mit der Gabe des Selbstwerts, denn von ihr rührt deine Fähigkeit her, andere Menschen wertzuschätzen, das wertzuschätzen, was du tust und was du gibst, und schließlich auch dich selbst und dein Leben wertzuschätzen. Nimm diese Gabe an. Empfange die Gabe des Himmels, um sie zu verstärken, und nimm dann wahr, wie du diese Gaben mit deinen Eltern und deinen Großeltern teilst. Teile die Gabe mit deinem Partner, deinen Kindern und deinen Kollegen. Teile die Gabe der Wertschätzung mit deinen Freunden. Gott empfindet unermessliche Wertschätzung für dich. Vertraue auf ihn und nicht auf dein Ego, das in deine Kleinheit investiert.

Lektion 59

Der schnelle Weg aus der Toten Zone

Um dein Leben und deine Beziehungen von Leblosigkeit zu befreien, musst du zuerst erkennen, was Leblosigkeit ist. Im Grunde ist sie eine Abwehrstrategie, die verhindern soll, dass du verletzt wirst oder dich schuldig fühlst. Sie ist eine Abwehrstrategie gegen deine Lebensaufgabe und gegen deine Bestimmung, weil du glaubst, sie seien zu herrlich oder zu groß, als dass du sie erfüllen könntest. Du hoffst, dich mit Hilfe von Leblosigkeit vor deiner Angst vor Erfolg und deiner Angst vor Nähe zu schützen. Leblosigkeit ist eine Kompensation für Emotionen, die du nicht fühlen willst. Sie ist eine Dissoziation, die dich in der Aufopferung gefangen hält, weil sie verhindert, dass du empfangen kannst. Aufopferung und Unabhängigkeit sind Rollen und Kompensationen für alten Schmerz. Die Samen der Leblosigkeit werden in der frühen Kindheit in Form von Rollen und Pflichten gelegt, die dir einen vermeintlich positiven Charakter verleihen. Es ist jedoch ein falscher Charakter, denn Rollen und Pflichten lassen weder Verbundenheit noch das Geben und Empfangen zu, das authentisch ist und Mühelosigkeit erzeugt. Im Stadium der Toten Zone sind fünfundachtzig Prozent der Menschen überarbeitet, und fünfzehn Prozent sind faul.

Der Weg, der dich rasch aus der Leblosigkeit in deinem Leben hinausführt, besteht darin, ***dich selbst einzubeziehen***, denn Selbsteinbeziehung bringt dich zu wechselseitiger Abhängigkeit, Fluss, Authentizität und Partnerschaft voran. Ohne Selbsteinbeziehung ist Partnerschaft unmöglich. Weder Rollen noch Pflichten – noch nicht einmal deine Regeln – beziehen dich wirklich ein, denn sie sind eine Abwehrstrategie, die versucht, den Schmerz auszusperren, ihn in Wahrheit aber in dir einsperrt.

Selbsteinbeziehung lässt dich dein Herz zurückgewinnen. Sie erneuert deine weibliche Seite. Sie stellt die Ebenbürtigkeit zwischen deiner männlichen und deiner weiblichen Seite wieder her und öffnet so Beziehungen die Tür. Sie führt dich aus der Abwehrstrategie deiner Sicherheitszone hinaus, und sie sorgt dafür, dass du für dich selbst, andere Menschen und Gott offen bist. Selbsteinbeziehung und die Verpflichtung, dich selbst einzubeziehen, bringen dich immer wieder zur Wahrheit und zu neuer Freiheit in deinem Leben zurück. Selbsteinbeziehung holt dich aus dem übersteigerten Männlichen heraus und gibt dir dein Gleichgewicht zurück.

Selbsteinbeziehung hilft dir, dich an deine Liebenswürdigkeit zu erinnern. Ohne sie können weder deine Beziehung noch deine Arbeit gedeihen. Ohne sie sind weder Liebe noch Erfolg möglich. Du erfährst weder das Vergnügen noch das Glück der Belohnung für all das, was du gibst. Ohne Selbsteinbeziehung wird alles zur Aufopferung, weil du nicht empfangen kannst.

Lektion 60

Was du besitzen willst, besitzt dich

Was du besitzen willst, das besitzt dich. Wenn du besitzen willst, wirst du von der Person oder der Sache besessen, die du zu bekommen versuchst. Wenn du das, was du haben willst, nicht bekommst oder deine Pläne vereitelt werden, kommen schmerzhafte Emotionen in dir hoch, die dich zurückhalten und die dir das Gefühl geben können, Opfer zu sein. Deine Verletztheit wächst in dem Maße, in dem du versuchst, äußere Dinge zu bekommen, um dich auszufüllen. Das hat zur Folge, dass die Vergangenheit und die unerlösten Emotionen, die sich in dir aufstauen, dich in noch höherem Maße zurückhalten. Unabhängig davon, ob du nun bekommst, was du haben wolltest, oder nicht, sind Desillusionierung und Schmerz die Folge.

Was du von anderen Menschen zu bekommen versuchst, kann dich nicht glücklich machen. Es ist niemals genug, und du bleibst unerfüllt. Erfüllung kannst du nur dann erfahren, wenn du lernst, das zu geben, was du bekommen wolltest. Ein noch höheres Maß an Erfüllung stellt sich ein, wenn du dich schließlich dafür öffnest, die Gabe des Himmels zu empfangen. Freiheit und Ganzheit sind nicht möglich, wenn du von einer äußeren Sache besessen bist. Du bist

Sklave dessen, was du zu brauchen glaubst. Mit wachsender emotionaler Reife lernst du, zuerst dein Verhalten und dann deine Emotionen auszurichten. Schließlich richtest du auch deine Gedanken und dann deinen Willen aus. Jeder dieser Schritte bringt eine neue Ebene der Ganzheit und gibt dir in höherem Maße das Gefühl, erfüllt zu sein.

Erstelle eine Liste der äußeren Dinge, die du seit deiner Kindheit besitzen wolltest. Wenn du bereit bist, sie loszulassen, öffnest du dich paradoxerweise dafür, sie zu empfangen, oder stellst sogar fest, dass du sie schon die ganze Zeit in dir getragen hast, wo sie nur darauf gewartet haben, anerkannt und geteilt zu werden. Wenn du sie mit anderen Menschen teilst, dann weißt du, dass es in der Tat deine Gaben sind und dass du sie besitzt, um sie zu teilen. So entstehen sowohl Ganzheit als auch Freiheit sowie ein neues Maß an Reife und der Wunsch, anderen Menschen zu helfen.

Lektion 61

Deine Emotionen haben heimliche Bedürfnisse

Deine Emotionen haben heimliche Bedürfnisse. Sie bitten um Hilfe. Sie sind entstanden, weil du eine Situation benutzt hast, um eine Kluft zwischen dir und anderen Menschen, dir selbst und Gott entstehen zu lassen. Du hast dich selbst entrechtet. Du fühlst dich beraubt, hast die Situation aber selbst herbeigeführt. Du hast dich selbst beraubt. In einem von Daniel Ladinsky übersetzten Gedicht schreibt Kabir von einem Mann, der sein Gedächtnis verloren hat und mit seiner Bettelschale an *die eigene Tür* klopft, weil er in seinem Inneren weiß, dass dies der Ort ist, an dem das Bedürfnis erfüllt werden kann.

Wenn jemand versucht, deine Bedürfnisse zu erfüllen, steht er sowohl vor deiner Leere als auch vor deinem Widerstand. Die Leere und Einsamkeit bitten um Hilfe, wohingegen der Widerstand nicht will, dass das Bedürfnis erfüllt wird, damit du unabhängig bleiben kannst. Du hast ein gespaltenes Bewusstsein und willst zwei unterschiedliche Dinge.

Emotionen tragen immer Bedürfnisse in sich und bitten um Hilfe, obwohl es dann geschehen kann, dass du die angebotene Hilfe ablehnst. Es ist an der Zeit, an deine eigene

Tür und an die Tür Gottes in deinem Inneren zu klopfen. Tue es aber in dem Bewusstsein, dass deine Gebete erhört werden könnten.

Lektion 62

Jeder Groll liefert dir die Ausrede, die du brauchst, um dich nicht ändern zu müssen

Jeder Groll liefert dir die Ausrede, die du brauchst, um dich nicht ändern zu müssen. Unterbewusst sind Groll, Selbstgerechtigkeit und Angst vor Veränderung somit in einem Teufelskreis miteinander verknüpft. Jede Emotion zeugt von Groll, und jeder Groll zeugt von verborgener Schuld und projizierter Schuldzuweisung, die du benutzt, um andere Menschen dazu zu bringen, sich dort zu ändern, wo du Angst vor Veränderung hast. Veränderung ist jedoch notwendig, um dich vor der Identität zu retten, die du aufgebaut hast und deren Wahrheit und Wirklichkeit du beweisen willst. Das Ego unternimmt große Anstrengungen, um genau diesen Beweis zu erbringen. Damit Veränderung möglich wird, ist es wichtig, dich jeden Tag der Veränderung zu verpflichten. Du kannst dein Leben von dem Standpunkt aus neu betrachten, dass immer dann, wenn du verletzt wurdest, du dich für die Trennung entschieden hast, um dir eine Identität zu geben. Diese Trennung und ihre Identität fordern einen Preis, wenn du zu beweisen versuchst, dass du das unschuldige Opfer, der Held des Traums bist. Der Traum ist jedoch auf Schmerz, Selbsterhaltung, Groll und Genugtuung aufgebaut.

Die Identität, die du aufgebaut hast, drückt dich allmählich nieder und bringt dich um. Sie martert dich für genau die Glaubenssätze, die Spaltungen zwischen dir und deinem wahren Selbst, dir und anderen Menschen und dir und Gott, der dich trägt, entstehen lassen.

Der rasche Weg, dich von deiner Identität zu befreien, besteht darin, dein Leben an Gott zu übergeben. Durch die Hingabe deines Lebens kann es geweiht werden. Wenn du dann der Stimme Gottes lauschst, damit sie dich führt, helfen die Aufgaben, die dir übertragen werden, der gesamten Welt, befreien dich aber gleichzeitig aus der würgenden Falle deiner begrenzenden Glaubenssätze, in die du dich wie in einen Kokon eingesponnen hast. Dies kann dich zu deiner wahren geistigen Wesensidentität zurückführen, in der du geschaffen wurdest, und zu der Liebe und Liebenswürdigkeit, die du bist.

Lektion 63

Je wahrer etwas ist, umso besser fühlt es sich an

Wenn du mit dir selbst in Einklang bist, kannst du Wahrheit erkennen, weil du mit ihr in Resonanz gehst. Es gibt sogar einen Klang der Wahrheit, den du in dir selbst spüren kannst. Die Wahrheit bewirkt, dass du dich verbunden und frei zugleich fühlst. Du fühlst die Mühelosigkeit und den Trost der Verbundenheit, zugleich aber auch den Rausch der Freiheit. Vor allem hast du jedoch das Gefühl, dass mit der Wahrheit der nächste Schritt kommt. Wenn jemand dich angelogen hat, dann wollte ein Teil von dir sich nicht mit dem befassen, was die Wahrheit bedeutet hätte. Du warst bedürftig, hast dich selbst bestraft und hattest Angst, an der bestehenden Situation etwas zu ändern. In deiner Angst vor Veränderung warst du bereit, eine Lüge zu leben und deinen Lügendetektor auszuschalten, um deine Bedürfnisse erfüllt zu bekommen.

Deine Liebe zur Wahrheit beruft sich von Natur aus immer wieder auf die Wahrheit. In allen schmerzhaften Situationen wird die falsche Wahrnehmung – einer Zwiebel gleich – Schicht um Schicht abgeschält, bis du wieder in Frieden mit dir selbst und mit Gott bist. Viele Menschen glauben, die Wahrheit erfahren zu haben, wenn sie die

Falschheit und Treuelosigkeit anderer Menschen aufgedeckt haben, aber das ist nur ein Teil der Wahrheit. Um die volle Wahrheit zu erfahren, müsstest du die volle Verantwortung für dein geheimes Einverständnis mit dem Ereignis übernehmen. Du kannst deine Wahrnehmung der Situation überprüfen und erklären: „Dies ist nicht die Wahrheit. Dies ist nicht das, was ich will. Ich will die Wahrheit.“ Nach höchstens sechs Wiederholungen beginnt die Situation sich zu verändern. Wenn dies nicht der Fall ist, sind Aufsässigkeit, Halsstarrigkeit und eine falsche Geisteshaltung am Werk, und es gibt einen Grund, aus dem du die Situation in Negativität und Unwahrheit festhalten willst. Wiederhole immer wieder folgende Worte: „Dies ist nicht die Wahrheit. Ich könnte stattdessen die Wahrheit sehen.“ Nimm wahr, wie sowohl deine Gefühle als auch die Situation sich verändern.

Lektion 64

Vernachlässigung, Schwäche und das Gefühl, nicht geliebt zu werden

Wenn du als Kind vernachlässigt wurdest, sind Themen auf verschiedenen Ebenen am Werk. So hat das Gefühl der Vernachlässigung zur Folge, dass du dich auch schwach und ungeliebt fühlst, und du glaubst, dass du mit einem höheren Maß an Fürsorge und Aufmerksamkeit ein anderer Mensch geworden wärest als der, der du heute bist. Manchmal kompensierst du deine Gefühle der Schwäche und des Ungeliebtseins, sodass du stark erscheinst, aber sie sind dennoch deine Klage über das, was dir nicht gegeben wurde. Dein Gefühl, schwach zu sein und nicht geliebt zu werden, kann ein chronisches Thema sein, das sich durch dein gesamtes Leben zieht, kann aber auch bis zum Lebensende kompensiert werden und sich erst dann als Lebensthema herausstellen.

Deine Schwäche ist ein Plädoyer für deine Unzulänglichkeit, eine Ausrede, um deiner Lebensaufgabe und deiner Bestimmung aus dem Weg zu gehen, und ein Kampf gegen den Himmel, der jedes deiner Bedürfnisse erfüllen und dir über deine Hilflosigkeit hinaus helfen würde. Er würde dir helfen, deine Erfülltheit zu erkennen. Bei dem Gefühl, nicht geliebt zu werden, verhält es sich nicht anders. Es ist eine Ausrede, die verhindern soll, dass du ein uneingeschränktes Maß an Zuversicht erlangst, und es ignoriert die wunderbare Liebe, die der Himmel dir unaufhörlich schenkt.

Mit deiner Schwäche und dem Gefühl, nicht geliebt zu werden, hast du dir selbst Fußfesseln angelegt. Du hast es getan, um eine Waffe und eine Ausrede zu haben. Es scheint ein Problem zu sein, das du aber mit einer bestimmten Absicht benutzt, die nicht deinem eigenen Interesse, sondern nur den Interessen deines Egos dient. Du hast es getan, um eine trennende Kluft entstehen zu lassen und einen Grund für deine Unabhängigkeit zu haben. Es gibt dir die Möglichkeit, dich vor dem, der du sein, und vor dem, was du vollbringen wolltest, zu verstecken. In *Ein Kurs in Wundern* heißt es dazu:

> ER (Gott) möchte dich trösten, auch wenn ER keinen Kummer kennt. ER möchte Rückerstattung leisten, obwohl ER vollständig ist; dir eine Gabe schenken, auch wenn ER weiß, dass du schon alles hast. ER hat GEDANKEN, die jedes Bedürfnis befriedigen, das SEIN SOHN wahrnimmt, obschon ER sie nicht sieht. Denn die LIEBE muss geben, und was in SEINEM NAMEN gegeben wird, nimmt die Form an, die sich in einer Welt der Form am nützlichsten erweist.
>
> EIN KURS IN WUNDERN, LEKTION 186

Dieses Zitat ist ein Beleg dafür, dass du deine Schwäche und dein Gefühl der Vernachlässigung und des Ungeliebtseins benutzt, um deinen eigenen Zweck zu verfolgen. Du könntest sie stattdessen jedoch jederzeit zugunsten der Ganzheit und der inneren Kraft loslassen, die du unmittelbar von der höchsten Ganzheit empfängst.

Lektion 65

Emotionen sind ein Angriff auf deine Zuversicht

Das Maß, in dem du Emotionen in dir trägst, entspricht dem Maß, in dem es dir an Zuversicht mangelt. Zuversicht bedeutet, dass es kein echtes Problem gibt, sondern nur etwas, mit dem es sich zu befassen gilt. Zuversicht rührt von Glaube und Vertrauen her. Sie entspringt der Ganzheit des Friedens. Emotionen weisen auf einen Ort hin, an dem dein Bewusstsein gespalten ist, und an ihrer Wurzel liegt Angst. Wenn eine Emotion in dir hochkommt, kannst du erkennen, dass du die Wahl zwischen Emotionen und Angst auf der einen oder Liebe und Vertrauen auf der anderen Seite hast. Immer dann, wenn du dich für Liebe und Vertrauen entscheidest, wirst du vorangebracht und wirfst eine weitere Schale der Zwiebel ab. Da Emotionen scheinbar aus heiterem Himmel kommen, ist es ratsam, deine Absicht schon jetzt darauf auszurichten, dich sofort der Heilung zu verpflichten, wenn eine tief vergrabene Emotion aus der Vergangenheit als Reaktion auf ein gegenwärtiges Ereignis in dir hochkommt und du die Zukunft als beängstigend wahrnimmst.

Du kannst dir schon jetzt die Denkweise zu eigen machen, dass Liebe und Glaube dir helfen werden, die richtige Entscheidung für die Wahrheit zu treffen, wenn eine Emotion in dir hochkommt. Diese Vorbereitung lässt deine Zuversicht wachsen. Dich darauf zu programmieren ist ganz einfach: Sieh, fühle, spüre und wisse, dass du voller Frieden und Zuversicht auf die Situation eingehst. Wenn du Erfolg hast, verstärkt das damit verbundene gute Gefühl diese Programmierung auf die Wahrheit für die nächste Situation, in der du an einem Scheideweg stehst und dich entscheiden musst, ob du auf eine Situation reagieren oder eingehen willst. Eine Reaktion bedeutet, dass deine Emotionen hochkommen, das Ruder an sich reißen und dich steuern, während das bewusste Eingehen auf eine Situation von Liebe und Vertrauen herrührt. Wenn du einen Fehler machst und emotional reagierst, weil du viele Emotionen in dir trägst, fasse ganz einfach die Absicht, dir deines reaktiven Verhaltens beim nächsten Mal möglichst rasch bewusst zu werden. Entschuldige dich gegebenenfalls, gehe auf die Situation ein und richte deine Absicht auf einen erfolgreichen Ausgang aus, wenn die nächste Emotion in dir hochkommt. Bei dieser Methode geht es nicht darum, deine Emotionen zu blockieren oder zu dissoziieren, sondern vielmehr darum, die Lektion mühelos zu lernen und dir die Unannehmlichkeit zu ersparen, auf schmerzhafte Weise durch deine Emotionen hindurchgehen zu müssen.

Lektion 66

Wenn du endlich loslässt

Wenn du endlich loslässt, stellt sich ein Friede ein, von dem du bisher nur geträumt hast.

Wenn du endlich loslässt, entsteht neuer Fluss.

Wenn du endlich loslässt, ergibt sich der Winter dem Frühling.

Wenn du endlich loslässt, was dir so viel bedeutet hat, ist nicht Verlust, sondern Zärtlichkeit die Folge.

Wenn du endlich loslässt, gibt es eine Illusion weniger, die das Licht verdunkelt.

Wenn du endlich loslässt, wird Traurigkeit binnen eines Augenblicks in Ergriffenheit verwandelt.

Wenn du endlich loslässt, wird all dein Schmerz gelindert.

Wenn du endlich loslässt, geht aus der Unordnung eine neue und wahre Ordnung hervor.

Wenn du endlich loslässt, wird dein Problem gelöst.

Wenn du endlich loslässt, wendest du dich von neuem dem Himmel zu.

Lektion 67

Nur deine Gedanken haben eine Auswirkung auf dich

Deine Gedanken lassen nicht nur deine Emotionen entstehen, sondern auch die Welt, die du siehst. Die Welt spielt die Filme ab, die du in deinem Bewusstsein gespeichert hast. Sie lässt deine Gedanken in einer ständigen Prozession an dir vorbeimarschieren, die entweder auf das Leben oder auf den Tod zusteuert. In welche Richtung gehen deine Gedanken in diesem Augenblick? Die Richtung, in die sie gehen, zeigt entweder die Notwendigkeit geistiger Disziplin oder kommt ihr zugute. Wenn dein Bewusstsein eine Armee wäre, würdest du siegen oder eine Niederlage erleiden? Wenn dein Bewusstsein eine Fußballmannschaft wäre, würdest du gewinnen oder vernichtend geschlagen?

Deine Alltagsgedanken sind die Gedanken deines Egos. Wichtig sind jedoch die Gedanken, die du mit Gott denkst, denn nur sie besitzen eine Wirklichkeit. Sie sind liebevoll, kreativ und großzügig. Wir sind so in unserem Alltag gefangen, dass nur wenige Menschen sich Gedanken darüber machen, in welche Richtung sie gehen. Wenn du deinem Ego das Ruder überlässt, steuerst du holterdiepolter auf den Tod zu. Wenn dein Weg dagegen zur Ganzheit und zu Gott führt, ist ein immer höheres Maß an Frieden die Folge. Die meisten

Menschen besitzen nur ein sehr geringes Maß an geistiger Disziplin. Sie werden von ihren Gedanken und Emotionen überrannt, und das führt dazu, dass die Ereignisse in ihrer Welt eine teuflische Abwärtsspirale erzeugen.

Du kannst deine Gedanken nur auf der bewussten Ebene wahrnehmen. Das Unterbewusstsein und das Unbewusste sind jedoch weit größer als die bewusste Ebene deines Denkens. Was du vergraben hast, dient dir nicht. Was du vergraben hast, sind schwärende Wunden und die Selbstkonzepte, die du darauf aufgebaut hast. Diese Wunden kommen in der Gegenwart an die Oberfläche. Sie werden zu den Problemen in deinem Leben, und wenn sie nicht gelöst werden, werden sie verstärkt. Bitte um die Hilfe des Himmels, finde die Kammern der Dunkelheit und der Schuld, die du in dir trägst, und bringe sie ans Licht. Widme dich dieser Arbeit der Heilung, und erspare dir auf diese Weise ein hohes Maß an künftigem Schmerz.

Es gibt eine kurze Übung, die du morgens direkt nach dem Aufwachen und abends vor dem Schlafengehen durchführen kannst. Öffne dein Bewusstsein dem Himmel und bitte darum, auf die bestmögliche Weise neu vernetzt zu werden. Öffne dein Herz und bitte darum, dass es geheilt und wieder auf die Liebe des Himmels ausgerichtet werden möge. Öffne zum Schluss deinen Körper und bitte darum, dass er geheilt und wieder auf die Ganzheit ausgerichtet werden möge, statt den Preis für die inneren Konflikte deines Bewusstseins zu bezahlen, die zu deinen emotionalen Verletzungen und infolgedessen auch zu deinen Problemen in der Welt führen. Damit entscheidest du dich für deine geistige Gesundheit und für die Freude anstelle der Geisteskrankheit des Egos.

Lektion 68

Beziehungen – dein Zauberspiegel

Dies ist eine äußerst wichtige Lektion, die du meistern musst. Wenn zwei Menschen zusammen sind, neigen sie zur Polarisierung, um ein Gleichgewicht in der Beziehung herzustellen, und dort, wo ein Partner sich negativ verhält, hat der andere Partner die Wahl, ihm entweder zu helfen oder sich durch die Negativität angegriffen zu fühlen.

Ein Angriff ist ein sicheres Zeichen dafür, dass der Partner, der angegriffen wird, eine Rolle ausagiert hat. Der Angriff soll dir sagen, dass deine Rolle nicht funktioniert. Der Angreifer agiert dein Bedürfnis und das Selbstkonzept aus, das du in dir vergraben hast. Sein Angriff mag auf dich nicht den Eindruck machen, als ob er dir eine Chance böte, aber wenn du erkennen würdest, was du vergraben hast und dass das, was du vergraben hast, in dir schwärt, dann wärest du dankbar dafür, dass es in dein Bewusstsein gerückt wurde.

Verpflichte dich, dieses Prinzip zu lernen. Du würdest nicht über deinen Partner urteilen, wenn du die gleichen Urteile nicht auch über dich selbst fällen würdest. Die Eigenschaften, die du an deinem Partner als ganz besonders negativ empfindest, sind deine Schattenfiguren, die du verdrängt hast. Es sind Kammern des Selbsthasses, die du in dir trägst. Die größten Probleme deines Partners sind nun auch zu deinen Problemen geworden, *weil dein Partner dein Spiegel ist.* Du hast Seelengaben mitgebracht, die das perfekte Gegenmittel zu seinem Problem sind. In deiner scheinbaren Hilflosigkeit gegenüber dem Problem deines Partners solltest du allerdings auch daran denken, dass Gott deine (Ur)-Quelle und deine Stärke ist und dass er dir alle Dinge gibt, die du selbst oder dein Partner brauchen. Der einzige Preis, den du zahlen musst, damit du sie für deinen Partner empfangen kannst, besteht darin, dass du sie erst für dich selbst empfängst.

Es kann leicht passieren, dass du in deinem eigenen Leben so gefangen bist, dass du nicht erkennst, was dein Partner braucht. Wenn sein Verhalten aber eine bestimmte Emotion in dir wachruft, dann hat auch er diese Emotion gefühlt, und sie hat ihn zu dem Verhalten gebracht, das sie in dir wachgerufen hat. Du kannst nachempfinden, wie schlecht er sich fühlen muss, weil du weißt, wie schlecht du dich infolge seines Verhaltens fühlst. Das lässt Mitgefühl in dir entstehen, und es hilft dir, auf ihn zuzugehen, statt dich von ihm zu entfernen.

Schaue genau hin. Die Probleme deines Partners sind ein Schrei nach Liebe. Seine Krankheiten sind ein Mangel an Selbstliebe. Er braucht deine Hilfe, weil er sich selbst nicht liebt und dir die heimlichen Orte in deinem eigenen Bewusstsein widerspiegelt, an denen du dich selbst nicht liebst. Durch deine Liebe und deine Vergebung kannst du euch beide befreien. Wenn dein Partner dich angreift, zeigt er dir, wo du dich selbst angreifst. Segne ihn. Segne dich selbst, und segne auch deine Glaubenssysteme, die zu diesem Angriff und Selbstangriff geführt haben. Tue es immer wieder. Diese Übung der Heilung wird dir immer zeigen, was dem nächsten Schritt in deinem Leben im Weg steht. Sie vermag deine Beziehung in eine Himmelsleiter zu verwandeln. Sie bringt das goldene Leben, das auf deiner Liebe und deinem Glück aufgebaut ist. Jedes Mal, wenn du deinem Partner hilfst, ein Problem zu überwinden, fühlst du dich ermächtigt und erfüllt. Wenn du in deinem Partner etwas wahrnimmst, das du als negativ oder positiv empfindest, denke daran, dass du es nur dann wahrnehmen kannst, wenn du es zuerst in dir selbst wahrgenommen hast. Vergib ihm. Vergib dir selbst. Vergib auch deinem Glaubenssystem, das zu dieser Wahrnehmung des Menschen geführt hat, der dein direkter Spiegel ist. Dein Partner ist ein Vergrößerungsspiegel, der dir jeden Makel, aber auch jeden deiner Vorzüge zeigt. Nutze diese Prinzipien zu deinem Vorteil. Befasse dich mit deinen Beziehungsproblemen, ehe sie zu einem großen Problem werden. Das führt dazu, dass ihr weniger leidet und euch in höherem Maße aneinander erfreuen könnt.

Nimm wahr, dass die Gaben, die dein Partner verkörpert, auch in deinem Unbewussten verborgen liegen, dass dein Partner jedoch mehr Mut hatte, sie in einer Welt lebendig zu halten, die Gaben aus Angst oder Rache fortwirft. Wenn du die Gaben in ihm erkennst, öffne in deinem eigenen Bewusstsein die Tür, die zu ihnen führt. Die Erkenntnis, dass du eine Gabe in dir trägst, lässt sie wachsen. So hilft sie deinem Partner und lässt ein noch höheres Maß an Fluss und Gaben in deiner Beziehung entstehen.

Lektion 69

Jede kleine Verstimmung kann hilfreich sein

Jede kleine Verstimmung kann hilfreich sein, wenn du sie nutzt, um Heilung zu bewirken. Wenn du es nicht tust, wird sie stärker, ruft Stress und Aufregung hervor, wirft dich aus deiner Mitte und raubt dir den Frieden. Wenn du sie zur Heilung nutzt, kann sie dir dagegen ein ganzes Muster an Dingen zeigen, die dich zurückgehalten haben. Bewusstheit ist der Schlüssel. Manchmal kann es hilfreich sein, morgens und abends eine kurze Prüfung durchzuführen, damit du, wenn dir körperliche, emotionale oder mentale Symptome der Verstimmung entgangen sind, sie später erkennen und nutzen kannst, um ein Muster zurückzuverfolgen und dort zu heilen, wo es vorher nur Widerstand gab. Jedes kleine Problem kann viele Dinge offenbaren.

Nehmen wir einmal an, dass eine Fliege in dein linkes Auge geflogen ist und es so sehr gereizt hat, dass es eine Stunde lang getränt hat. Wenn du abends vor dem Zubettgehen über deinen Tag nachdenkst, erfülle diese Situation mit Liebe, bis du sie annehmen und dann Frieden spüren kannst. Wenn du das Gefühl hast, dass dieser Prozess abgeschlossen ist, frage dich, welcher Vorfall der Zweig war, der die Frucht des Zwischenfalls mit der Fliege in deinem Auge herbeigeführt hat, und vertraue dem, was dir in den Sinn kommt. Nehmen wir an, dass der Vorfall in deine frühe Jugend und zu einer Situation zurückreicht, in der du eine Brille bekommen hast, weil du nicht sehen wolltest, was mit deiner Familie geschieht, die sich in einem Konflikt befand, dessen Ursache ein Konflikt deiner Eltern war. Bitte darum, dass die Liebe sich einfinden möge, bis die Situation von Frieden, Harmonie und Liebe erfüllt ist. Die Liebe kommt, wenn sie gerufen wird, und sie kommt dorthin, wo man sie willkommen heißt. Das Alter, in dem dies geschehen ist (wir wollen einmal annehmen, dass du vierzehn Jahre alt warst), zeigt, dass es eine Vorgeschichte gibt, die den Stamm des Musters gebildet hat, der zu dem Zweig und weiter zu der Frucht des Vorfalls geführt hat, bei dem es sich um eine Fliege in deinem Auge handelt.

Vierzehn ist ein Alter der Transformation, die, wenn sie nicht geschieht, auf unterbewussten Ebenen einen Teil deiner Energie vom Leben fort in Richtung Tod lenkt. Bitte also darum, dass die Situation mit Liebe erfüllt werden möge, bis sie überfließt, kehre dann jedoch in die Zeit zurück, in der du fünf Jahre alt warst. Vierzehn besteht aus den Zahlen 1 und 4, die addiert wiederum 5 ergeben. In zahllosen Beratungsgesprächen habe ich diese Zusammenhänge entdeckt. Kehre in die Zeit zurück, in der du fünf Jahre alt warst. Frage dich, was geschehen ist und wer an der Situation beteiligt war. Bitte darum, dass die Situation mit Liebe erfüllt werden möge, bis alle daran beteiligten Menschen glücklich sind. Bitte um die göttliche Liebe, die Gnade und Wunder bringt. Was in einem bestimmten Alter in der Kindheit geschehen ist, das ist im gleichen Monat auch im Mutterleib geschehen, und dies ist die Wurzel des Baumes. Frage dich also intuitiv, was im fünften Monat im

Mutterleib geschehen ist und wer an der Situation beteiligt war. Im Mutterleib sind wir kleine Schwämme, die alles aufsaugen, was unsere Eltern oder die Menschen in ihrer Umgebung erleben. Wir nehmen es auf, und es wird zu unserem Muster. Bitte die Liebe, die göttliche Liebe und die göttliche Präsenz nun, sich in der Situation einzufinden, um sie mit einem höheren Maß an Freude zu erfüllen. Wenn die Situation sich erfüllt und glücklich anfühlt, frage dich, ob dieses Thema in irgendeiner Form auf der Seite deines Vaters oder auf der Seite deiner Mutter oder auf beiden Seiten deines Ahnenbaums von einer Generation zur nächsten weitergegeben wurde. Hier liegt der Ursprung starker unbewusster Einflüsse. Bitte die Liebe, die göttliche Liebe und die göttliche Präsenz darum, sich in deinem Ahnenbaum einzufinden, bis er dort, wo das Problem war, von Liebe erfüllt ist.

Frage dich nun, zu wie viel Prozent dein Problem von einem Seelenmuster beziehungsweise von früheren Leben herrührt. Bitte auch hier Liebe, Wunder und die göttliche Präsenz darum, sich einzufinden, um das ganze Muster in Liebe und Freude zu erheben und diese dann in dein gegenwärtiges Leben und bis in den gegenwärtigen Augenblick mitzubringen.

Die Arbeit mit dem Unbewussten findet immer in Form von Metaphern, Mythen und Symbolen statt. Traummuster, Geschichten, vergangene Leben oder die Astralebene sind stets Metaphern für das Unbewusste.

Frage dich zum Schluss, wie viel Prozent deines Problems kollektiver Natur sind. Bitte die Liebe und die göttliche Liebe, das kollektive Feld zu erfüllen, bis es geklärt und befreit ist und die damit verbundenen Gedanken, Glaubenssätze und Emotionen aufgelöst sind.

Die dunklen, übernatürlichen Teufel, Dämonen und dunklen Herren auf der astralen Ebene sind allesamt Metaphern für das uralte Ego. Bitte die Liebe, die göttliche Liebe und die göttliche Präsenz, sich auf der Astralebene einzufinden, das Licht an die Orte zu bringen, die im Dunkeln liegen, die Dunkelheit zu klären und Erlösung zu bringen. Du kannst diese Übung jeden Tag oder sogar mehrmals am Tag wiederholen und dadurch ganze Muster durch Liebe und Gnade heilen. Der Himmel steht hinter dir. Die Liebe kommt, wenn du sie rufst, denn die Bitte um Liebe verhallt niemals ungehört.

Lektion 70

Der Zusammenhang zwischen Emotionen und Sünde

Jede Emotion, die in dir hochkommt, behauptet, dass jemand gegen dich gesündigt hat, weil du dich, um es mit Shakespeares Worten zu sagen, ohne die „Pfeil‘ und Schleudern des wütenden Geschicks“, die er auf dich abgefeuert hat, niemals in diesem von Erschöpfung, Schmerz und Problemen geprägten Zustand befinden würdest. Du gibst jemand anderem die Schuld an deinen Umständen. Einen anderen Menschen zu beschuldigen bedeutet natürlich nur, dich selbst zu beschuldigen, wenngleich du diese Tatsache im Unterbewusstsein verbirgst. Es bedeutet auch, Gott zu beschuldigen, was du ins Unbewusste verbannst. Deine Emotionen sind ein Radioprogramm, das einem anderen Menschen verkündet: „Weil du mir das angetan hast, bist du ein Sünder. Du hast mir das angetan. Du hast es verdient, bestraft zu werden. Das war nicht ich. Ich müsste verrückt sein, so leiden zu wollen.“ Genau deshalb gibt es natürlich das Unterbewusstsein und das Unbewusste, die beide ungleich größer sind als die Ebene der bewussten Wahrnehmung.

Es ist durchaus möglich, dass du bewusst noch nicht einmal an Sünde oder Schuld glaubst, aber dein beklagenswerter Zustand ist der Beweis dafür, dass du diesen Glaubenssatz dennoch in dir trägst. Er ist ein Kampf, der jemand anderem erklärt, dass er besser daran täte, sich zu ändern, denn wenn er es nicht tut und so weitermacht wie bisher, dann blüht ihm das, was gerade geschieht, oder sogar noch Schlimmeres.

Unter dieser emotionalen Verurteilung, die auch jeden körperlichen Zustand der Krankheit einschließt, verbirgt sich ein Ort, an dem ***du glaubst, schuldig, ein Versager und ein Sünder zu sein***. Weil du dich fürchtest, diesem Ort zu nahe zu kommen, gibst du einem anderen Menschen die Schuld. Es ist ein Ort, an dem du Angst davor hast, dich zu ändern, und deshalb willst du jemand anderen dazu bringen, sich zu ändern, damit du dich besser fühlst. Deine Schuldzuweisungen verbergen, dass du glaubst, selbst ein Sünder zu sein, aber dein Ego erklärt dir, dass der beste Weg, dich von der Schuld zu befreien, darin besteht, sie auf einen anderen Menschen zu projizieren und ihn dann dazu zu bringen, sich zu ändern, damit du dich wohler fühlst. Das kann natürlich niemals funktionieren, weil du die Schuld nach wie vor in dir trägst.

Vergebung und Selbstvergebung sind der Ausweg. Wenn du etwas siehst, das du nicht magst, dann hast du ein Urteil gefällt, und dein Angriff verstärkt das Problem und vergrößert deine Schuldgefühle. Du kannst deine Wahrnehmung, deine Welt und dich selbst nur dann von dem Glauben an Sünde befreien, wenn du dem betreffenden Menschen, dir selbst und den Selbstkonzepten vergibst, die ihn in deiner Erfahrung haben entstehen lassen. Die Welt von Sünde zu befreien und Unschuld zu bringen bedeutet, die Welt vor dem Leiden zu erretten. Fange bei dir selbst an.

Lektion 71

Passive Aggression

Passiv aggressive Menschen haben immer das Gefühl, dass sie – vor allem von der „Obrigkeit“ – ungerecht behandelt werden. Passiv aggressive Menschen sind verbittert, kämpfen dauernd mit der „Obrigkeit“ und haben ein Problem mit Autorität, weil sie sich vor ihrer eigenen Autorität, vor Partnerschaft und vor ihrer Lebensaufgabe fürchten. Jemand, der passiv aggressiv ist, trägt ein hohes Maß an Leugnung in sich und ist sich seines Verhaltens häufig noch nicht einmal bewusst. Möglicherweise trägt er Selbstkonzepte oder Schattenfiguren des Unruhestifters oder des Aufwieglers in sich und zieht deshalb Probleme an wie die Motte das Licht. Wenn andere Menschen die Auswirkungen seiner verborgenen Aggression zu spüren bekommen, ist das nicht angenehm. Sie sind wütend auf ihn, können sich aber nicht erklären, warum das so ist, oder verstehen, wo ihre Wut oder ihre Abneigung herrührt.

Passive Aggression kann energetisch oder durch Körpersprache übermittelt werden. Menschen, die passiver Aggression ausgesetzt sind, werden zunehmend wütender, und häufig reicht dann schon eine Kleinigkeit, die sie an dem passiven Aggressor stört, um zu bewirken, dass sie ihn mit ihrem Zorn überschütten. Das vermittelt dem passiven Aggressor das Gefühl, zum Opfer gemacht und von der „Obrigkeit“ ungerecht ausgenutzt zu werden. Schon hat er eine weitere Anklage in seiner gedanklichen Akte, die er gegen die „Obrigkeit“ erheben kann. Er nutzt den Vorfall auch, um Gott unter Anklage zu stellen, weil Gott ein schlechter Gott ist, der seinen Himmelsthron wegen seiner Unfähigkeit schon bald wird räumen müssen.

Du erntest, was du säst. Wenn ein passiver Aggressor angegriffen wird, dann ist das Karma und er bekommt die Auswirkungen dessen zu spüren, was er durch seine passive Aggression anderen Menschen zugefügt hat.

Frage dich, wie hoch – in Prozent ausgedrückt – das Maß deiner Dissoziation und Selbsttäuschung ist, wenn es um die passive Aggression geht, die du in dir trägst.

Wenn du es wüsstest, wie hoch ist dann das Maß an passiver Aggression, das du in dir trägst?

Frage dich, in welcher Weise sie dein Leben, deine Beziehungen und deinen Erfolg beeinflusst hat.

Ist es das, was du willst?

Was willst du?

Integriere deine passive Aggression mit allen Abwehrmechanismen, die sie verbergen. Das bringt dir Frieden und schenkt deinem Leben ein neues Maß an Ganzheit.

Bitte den Himmel um Erkenntnis und Selbstvergebung. Lasse dieses falsche, selbstschädigende Muster los. Bitte darum, dass es durch Gnade ersetzt werden möge.

Lektion 72

Emotionen und Ausbeutung

Emotionen sind eine Form von Ausbeutung, und sie entstehen, wenn du das Gefühl hast, ausgenutzt worden zu sein. Du fühlst dich ausgenutzt, bist allerdings blind für die Tatsache, dass deine Emotionen ebenfalls versuchen, einen anderen Menschen auszunutzen. Emotionen versuchen, etwas zu bekommen. Sie sind ein Bedürfnis, das erfüllt, eine Leere, die gefüllt, und ein Juckreiz, der gestillt werden will. Sie sind eine Strategie, die du vor dir selbst verborgen hast und die jemand anderen übervorteilt, um etwas zu bekommen.

Du bist in einem Teufelskreis gefangen, in dem du ausnutzt und ausgenutzt wirst. Dieser Teufelskreis ist eine Schlinge, die immer enger wird, je häufiger du sie benutzt. Du bist für das verantwortlich, was dein Ego tut und vor dir verbirgt. Du hast ihm die Erlaubnis gegeben, so zu handeln, und nun hat es sich selbst zum Herrscher erhoben und tut, was ihm gefällt.

Emotionen kommen in dir hoch, wenn du dich ausgenutzt fühlst und hoffst, deine Verluste teilweise wettzumachen, indem du zu nehmen versuchst, obwohl du damit die Grenzen anderer Menschen übertrittst. Das Maß, in dem du nicht darüber hinwegkommst, wenn jemand dich scheinbar ausnutzt, entspricht dem Maß, in dem du das Muster des Ausgebeutetwerdens weiterträgst oder selbst zum Ausbeuter wirst. Frage dich, wie viele Fallen des Ausbeuters/Ausgebeuteten du in dir trägst. Trage sie alle zum Handelsposten des Himmels. Was empfängst du im Austausch, wenn du sie dort ablieferst? Nimm wahr, wie du diese Gaben in dich aufnimmst. Welche Auswirkung haben sie auf dein Leben?

Lektion 73

Lügen haben kurze Beine

In einem wunderbaren Gedicht des persischen Dichters Hafiz ist die Rede davon, dass jeder Schmerz „gestehen wird", dass ihm keine Wahrheit innewohnt, sobald du ihn durch die Augen der Liebe betrachtest.

Was ich lernte,
will ich begierig teilen:
Jedes Übel wird gestehen,
dass es nur Lüge war,
wenn die gold'nen Mühen deiner Liebe
den kostbaren Wein
an deine Lippen heben.

HAFIZ

Bei der Lektüre der ersten beiden Bände zum Thema emotionale Reife hast du erfahren, dass auf einer bestimmten Ebene alle Emotionen unwahr sind, weil sie eine Illusion sind, eine falsche Wahrnehmung dessen, was geschehen ist. Es gibt jedoch noch eine andere Erkenntnisebene, die zeigt, dass du die Ereignisse, die deine Emotionen hervorgerufen haben, nicht nur selbst ausgedacht, sondern dabei auch absichtlich und mutwillig, wenn nicht sogar bewusst missverstanden und deine bewusste Wahrnehmung auf eine falsche Fährte gesetzt hast, sodass du das, was dir vermeintlich angetan wurde, in Wirklichkeit selbst getan hast. Du erzählst deine Lebensgeschichte so, als seiest du das unschuldige Opfer und der Held, der allen Widerständen und allen widrigen Dingen, denen du dich stellen musstest, zum Trotz den Sieg davongetragen hat. Du warst gezwungen, alles aus eigener Kraft oder gegen den Widerstand der Menschen in deiner Umgebung zu schaffen.

Die Offenbarungen aus deinem Unterbewusstsein und Unbewussten strafen diesen Irrglauben jedoch Lügen. Das Unterbewusstsein und das Unbewusste sind viel größer als die Ebene der bewussten Wahrnehmung. Du täuschst dich selbst. Du leugnest und dissoziierst. Du verteidigst dein Ego und sorgst dafür, dass dein Unterbewusstsein größer wird, indem du nicht nur deine Emotionen vergräbst, sondern auch das, was tatsächlich geschehen ist und deinen Schmerz verursacht hat. Deine Emotionen sollen dich darauf hinweisen, wo ***du*** einen Fehler gemacht und dich selbst angelogen hast. Du versteckst dich hinter deinen Geschichten. Aus ihnen werden die Verschwörungen oder dunklen Geschichten, die du gegen dich selbst, deine Lebensaufgabe, deine Bestimmung und den Himmel einsetzt. Wenn die Liebe, die göttliche Liebe und die Erinnerung an Gott eine schmerzhafte Situation so transformieren, dass Ganzheit und Heimkehr möglich werden, dann fallen Ausreden ebenso fort wie der letzte verzweifelte Versuch deines Egos, dich aufzuhalten, indem es dich für schuldig erklärt. Wenn nicht alle daran beteiligten Menschen unschuldig sind, dann bist du noch nicht zur Wahrheit einer Situation vorgedrungen. Es bedeutet, dass du die Situation in irgendeiner Form zum

Vorteil des Egos benutzt. Willst du diese schmerzhaften Situationen benutzen, um dich herauszureden, dich zu rechtfertigen, fortzulaufen und dich zu verstecken, oder willst du Heilung und Ganzheit erlangen? Der Schmerz, der die Lüge zeigt, nährt das Ego und sein emotionales und anderweitiges Schwelgen auf Kosten der Liebe und der Wahrheit. Du zahlst für diese Lüge mit der Münze des Angriffs und des Selbstangriffs.

Willst du dein Ego oder die Wahrheit nähren? Gibst du dem Ego und seiner hartherzigen Schuldzuweisung an die Menschen, denen zu helfen du aufgerufen warst, oder der Gabe des Mitgefühls und den Wundern des Himmels den Vorzug? Dich selbst zu belügen ist naiv, und Naivität sorgt dafür, dass dir Herzensbruch und geplatzte Träume ins Haus stehen. Das bewirkt, dass die Lügen weitergehen und verstärkt werden. Bringst du dem Himmel ein so hohes Maß an Widerstand entgegen, dass du dein Glück für das Ego opfern würdest? Willst du tatsächlich lieber in Kontrolle anstelle von Zuversicht investieren? Willst du wirklich weiter Opfer sein, dich aufopfern und dissoziiert sein, sodass du dein eigenes Herz nicht fühlen kannst? Willst du wirklich etwas unterstützen, das unwahr ist? Wie kann das einen Sinn haben? Kehre zu deinem wahren Selbst zurück. Es ist an der Zeit, dein Leben zurückzugewinnen. Lasse das Schwelgen los, von dem du dir lediglich einbildest, es könne dich glücklich machen. Biete dem Himmel deinen Geist, dein Herz, deine Sexualität und dein Leben dar. Bitte darum, auf eine wahre Weise neu vernetzt zu werden, sodass es in deinem Leben keine bösen Buben mehr gibt – dich selbst eingeschlossen. Heiße die Freude und die Freiheit willkommen, deren Ursprung die Wahrheit und die richtige Wahrnehmung sind.

Lektion 74

Ein Rückblick auf alle deine Ärgernisse

Wenn dir an deiner Heilung und daran gelegen ist, Ganzheit zu erlangen, dann wird dein Verhalten zunehmend einfühlsamer und immer weniger reaktiv. Du erkennst, dass jede noch so kleine Verstimmung eine ideale Möglichkeit ist, an deiner Heilung zu arbeiten. Wenn du an etwas denkst, das dich ärgert, und der Emotion tief genug nach innen folgst, dann findest du Wut. Diese Wut verletzt dich und ruft Stress hervor. Sie blockiert Fluss und Erfolg, und du verwendest ein hohes Maß an Energie darauf, sie unter Kontrolle zu halten. Jede noch so kleine Verstimmung kann dich auf die tieferen Ebenen deines Bewusstseins und zu den Überresten schmerzhafter Situationen in deinem Leben als erwachsener Mensch führen. Sie kann dich zu den nicht vollständig abgeschlossenen Angelegenheiten deiner Kindheit und in den Mutterleib zurückführen. Das schmerzhafte Muster kann dich noch weiter zurück ins Unbewusste und zu dem führen, was vonseiten deiner Vorfahren an dich weitergegeben wurde. Es kann dich auch zurückführen, um das zu heilen, was du auf einer Seelenebene in dieses Leben mitgebracht und vom kollektiven Bewusstsein der Menschheit übernommen hast. Du kannst dich befreien, indem du das uralte Ego des dunklen Unbewussten heilst und schließlich zu der ursprünglichen Schuld, dem Entsetzen, dem Schmerz und der Dunkelheit des Falls aus der Gnade und der ungeheuer großen Illusion zurückkehrst, die zu diesem Zeitpunkt entstanden ist.

Das Wunderbare an dieser Zeit ist, dass du in die tiefsten Bereiche deines Bewusstseins zurückkehren und anfangen kannst, sowohl die Trennung als auch die Schuld, die Angst und den Schmerz zu heilen, auf denen dein Ego aufgebaut ist. Dadurch, dass du eine Partnerschaft mit dem Himmel eingehst und Heilung durch Gnade erlangst, öffnen sich die tiefsten Bereiche deines Bewusstseins nun dem Licht. Es ist möglich, die tiefsten Risse der Trennung in deinem Bewusstsein und in deiner Welt zu heilen. Achte darum auf jede noch so kleine Verstimmung oder Verärgerung. Bitte die Liebe und die göttliche Liebe, sich in jeder Situation einzufinden. Die Liebe wartet nur auf dein Willkommen, und die göttliche Liebe bringt Wunder. Du brauchst sie lediglich darum zu bitten. Wenn die Situation von Glück und Frieden erfüllt ist, kannst du dich fragen, welche Situation in deinem Leben zu dieser ersten Verstimmung oder Verärgerung geführt hat. Bitte die Liebe und die göttliche Liebe darum, sich einzufinden, bis die ganze Situation von Liebe erfüllt ist. Wenn du noch nicht in deiner Kindheit angekommen bist, frage dich, wo der Ursprung dieser Verstimmung oder Verärgerung in deiner Kindheit liegt. Bitte die Liebe und die göttliche Liebe, alle an der Situation beteiligten Menschen zu erfüllen. Die Emotionen, bei deren Heilung du einen anderen Menschen nicht unterstützt, übernimmst letztlich du selbst.

Heiße die Liebe und die himmlische Liebe nun im entsprechenden Monat im Mutterleib willkommen. Wenn du beispielsweise im Alter von sieben Jahren eine schmerzhafte Situation durchlebt hast, dann liegt die Hauptursache dafür im siebten Monat im Mutterleib. Kehre dorthin zurück und frage dich intuitiv, was geschehen ist und wer an dem Problem beteiligt war. Im Mutterleib bist du ein kleiner Schwamm und nimmst alles auf, was in deiner emotionalen Umgebung geschieht. Frage dich dann, zu wie viel Prozent das Problem auf der Ahnenebene von einer Generation deiner Familie zur nächsten weitergegeben wurde. Bitte die Liebe, die göttliche Liebe und die göttliche Präsenz, deine Ahnen zu erfüllen und dieses Muster zu heilen. Frage dich dann, zu wie viel Prozent du das Problem auf einer Seelenebene in dieses Leben mitgebracht hast. Bitte die Liebe, die göttliche Liebe und die göttliche Präsenz, dein Seelenmuster zu erfüllen, bis nur Frieden, Macht und Glück bleiben. Frage dich dann, zu wie viel Prozent dein Problem aus dem kollektiven Feld herrührt. In dem Maße, in dem es aus dem kollektiven Feld herrührt, sind die mit dem Problem einhergehenden Emotionen und Gedanken nicht deine, sondern die Emotionen und Gedanken aller Menschen, und mit der Wahrheit der Liebe und Gnade kannst du es für alle Menschen heilen. Frage dich dann, zu wie viel Prozent das Problem aus dem dunklen übernatürlichen Feld der Astralebene einströmt. Du kannst das Licht in diese uralte Dunkelheit bringen, die in den frühen Tagen des Egos entstanden ist, indem du die Liebe, die göttliche Liebe und die göttliche Präsenz darin willkommen heißt. Bitte zuletzt die Liebe, die göttliche Liebe und die göttliche Präsenz, sich in dem Traum sowie in allen anderen Dingen einzufinden, die uns aus der ursprünglichen Trennung, unserem Fall aus dem Zustand der Gnade, beeinflussen. Warte darauf, dass sich Glück und Frieden einstellen.

Frage dich, in welcher Weise das gesamte Muster, das scheinbar mit einer belanglosen Verstimmung oder Verärgerung begonnen hat, dich im Hinblick auf Liebe, Glück, Gesundheit, Erfolg und Fülle zurückgehalten hat. Nachdem sie nun geheilt ist, erkenne, dass jede kleine Verstimmung eine Goldgrube ist, die Erfolg und Glück durch Heilung entstehen lässt. Mit der Hilfe des Himmels kannst du in großen Schritten vorankommen, wenn es um Liebe, Frieden und Fülle in deinem Leben geht.

Lektion 75

Emotionen und dunkle Energie

Das dunkle Unbewusste wird von Dämonen, Teufeln und dunklen Herren bevölkert. Dabei handelt es sich in Wirklichkeit um Metaphern für das uralte Ego, das dem Licht den Rücken zugekehrt hat. Zwar sind alle Emotionen, die nicht der Heilung dienen, eine Form von Angriff, aber Emotionen wie beispielsweise Zorn oder Rache werden benutzt, um einen anderen Menschen *direkt* anzugreifen. Es sind diese Emotionen, die das astrale oder dunkle Unbewusste besonders gerne einsetzt, um dem Angriff eine besondere Schärfe zu verleihen. Wenn du benutzt wurdest, um einen solchen Angriff zu führen, dann bist du in der Regel blind für das, was durch dich geschehen ist. Derjenige, der Ziel des Angriffs war, ist jedoch keineswegs blind für den Schaden, der durch dich angerichtet wurde. Du magst es bewusst nicht gewollt haben, aber dein uraltes Ego kämpft um sein Überleben und macht daher keine Gefangenen. In einem solchen Fall ist es am wichtigsten, intuitiv zu erkennen, wo du vielleicht unwissentlich zum Werkzeug der dunklen Seite geworden bist. Werde dir der Vorfälle aus der Vergangenheit bewusst, die nun womöglich zu Kanälen der Dunkelheit geworden sind, und heile sie. Bitte die Liebe, die göttliche Liebe und die göttliche Präsenz, diese Ereignisse zu erfüllen und zur Ganzheit zu führen. Kehre dann dorthin zurück, wo du möglicherweise der Empfänger dieser dunklen Energien warst, und bitte die Liebe, die göttliche Liebe und die göttliche Präsenz darum, sich an diesem Ort einzufinden, bis er von Licht und Ganzheit erfüllt ist.

Wenn du zu höheren Bewusstseinsstadien gelangst, werden diese Angriffe und Ausbrüche immer offensichtlicher. Ehe du diese Bewusstseinsebenen jedoch erreichst, leugnest du in der Regel, dass die dunklen Energien durch dich gewirkt haben, oder du rechtfertigst diese Tatsache, als ob sie nicht der Rede wert sei. Du glaubst, der betroffene Mensch habe die Schilderung deines Angriffs auf ihn übertrieben. Wenn du weiter wachsen willst, ist es jedoch unerlässlich, Ordnung in dein Leben zu bringen.

Die Tatsache, dass diese Angriffe durch dich erfolgen, deutet auf Löcher in deiner Aura und auf Risse in deiner Seele hin. Manche dieser Löcher und Risse können uralt sein, aber du kannst sie jetzt heilen, indem du um Liebe bittest. Die Liebe kommt stets zu deiner Hilfe, wenn sie gerufen wird. Du kannst zudem die göttliche Liebe anrufen, die Wunder bringt, sowie die göttliche Präsenz, die dir Selbstliebe schenkt, um diese Risse und Brüche zu heilen. Sie stärkt deinen Geist und befähigt ihn, sich dieser dunklen Übergriffe unmittelbar bewusst zu werden. Du kannst die Liebe, die göttliche Liebe und die göttliche Präsenz auch immer dann anrufen, wenn du Hinweise darauf hast, dass andere Menschen benutzt werden, um durch sie dunkle Angriffe zu führen.

Lektion 76

Überwinde deine Liste an Klagen

Die Wahrnehmung läuft rückwärts und steht auf dem Kopf. Du glaubst, das, was du siehst und fühlst, sei das, was geschieht, aber es ist ebenso frei erfunden wie ein amerikanischer Spielfilm. Du drehst den Film, den du sehen willst, um das Leben zu rechtfertigen, für das du dich entschieden hast. Du erkennst nicht, dass Schmerz auf deine Fehler in dem Film hinweist, den du drehst, und dass er eine Wiederholung aus der Vergangenheit ist, die immer noch andauert. Er ist deine Klage, dass jemand oder etwas dein Bedürfnis nicht erfüllt hat. Eine Klage zeigt, dass du nicht vorgetreten bist. Eine Klage rührt von einem Ort her, an dem du glaubst, dass du zum Opfer gemacht wurdest, dass jemand sich nicht um deine Bedürfnisse gekümmert und dich dessen beraubt hat, was du verdient hast. Eine Klage hat wie eine Opfersituation einen „bösen Buben", dem sie die Schuld gibt, aber ein böser Bube bedeutet, dass du jemanden zu Unrecht beschuldigst und deine eigene Schuld unter seinem vermeintlichen Fehlverhalten verbirgst. In der Regel beschuldigst du ihn der Dinge, die du – unter deiner Leugnung gut getarnt und versteckt – selbst getan hast. Dies ist vielleicht genau der richtige Zeitpunkt, um deine Klagen aufzuzählen, denn was im Anschluss daran passiert, kann dein Leben verändern, wenn:

1. du erkennst, dass deine Klagen dein eigenes Versagen verbergen und dass du sie stattdessen nutzen könntest, um dir zu zeigen, wo deine Gaben auf dich warten,
2. du die Vorstellung aufgibst, dass jemand oder etwas für dein Glück zuständig ist,
3. du dir eine Einstellung der Großzügigkeit anstelle deines Anspruchsdenkens zu eigen machst.

Dein Anspruchsdenken schadet deiner emotionalen Reife und sorgt dafür, dass dir Schmerz und Versagen in deinem Leben und in deinen Beziehungen ins Haus stehen. Zähle nun die Klagen auf, die du gegen die nachstehend genannten Menschen vorbringst.

Mutter	**Vater**	**Geschwister**	**Lehrer**
1.	1.	1.	1.
2.	2.	2.	2.
3.	3.	3.	3.

Religion oder Geistlichkeit	**Ärzteschaft, Pflegepersonal**
1.	1.
2.	2.
3.	3.

Das Leben	**Gott**	**Du als Mann oder Frau**
1.	1.	1.
2.	2.	2.
3.	3.	3.

Männer
1.
2.
3.

Frauen
1.
2.
3.

Vorgesetzte
1.
2.
3.

Kollegen, Mitarbeiter
1.
2.
3.

Freunde
1.
2.
3.

Partner
1.
2.
3.

Ex-Partner
1.
2.
3.

Ex-Partner
1.
2.
3.

Ex-Partner
1.
2.
3.

Erstes Kind
1.
2.
3.

Zweites Kind
1.
2.
3.

Großeltern
1.
2.
3.

Fremde
1.
2.
3.

Eltern als Paar
1.
2.
3.

Die Familie
1.
2.
3.

Erfolg
1.
2.
3.

Beziehungen
1.
2.
3.

Liebe
1.
2.
3.

Romantik
1.
2.
3.

Sex
1.
2.
3.

Gesundheit
1.
2.
3.

Du selbst
1.
2.
3.

Bitte fülle die Liste vollständig aus, und mache dir mit Hilfe deiner Intuition oder deines Verstandes bewusst, worum es bei diesen Klagen geht. Die folgende Skala ist ein Maßstab für deine Klagen und deine Gaben.

Klage	Problem		Befreiung	Gaben
100%	Nehmen	0	Großzügigkeit	100%

Deine Klagen zeigen deinen Wunsch nach Besonderheit und deine Versuche, heimlich oder offen zu nehmen. Auf der anderen Seite ist das Maß an Fluss und Glück, das aufgrund deiner Großzügigkeit für dich verfügbar ist, umso größer, je mehr du gibst. Die Menschen, über die du dich beklagst, haben dich womöglich in bestimmten Situationen oder zu bestimmten Zeiten in ihrem Leben wirklich gebraucht. Je mehr du dich und deine Gaben hingibst und die Hilfe des Himmels in Anspruch nimmst, umso mehr betrachtet dein Partner dich als seinen Engel. Je mehr du nehmen willst, dich beklagst oder ihn zum „bösen Buben“ machst, umso mehr sieht er dich als seinen Teufel. Und wenn du diesen falschen Weg mit dieser falschen Einstellung einschlägst, dann sorgst du dafür, dass es nur darum geht, was er falsch macht und dass er nicht das tut, was er tun sollte. Wenn du in dieser Falle gefangen bist, dann beschwerst du dich darüber, dass immer du derjenige bist, der sich um alles kümmern muss. „Warum kann er sich nicht zur Abwechslung auch einmal kümmern?“

Wenn dies der Fall ist, wird dir keine Wertschätzung für das zuteil, was du tust, weil du das, was er getan hat, ebenfalls nicht anerkennst oder wertschätzt. In einer Beziehung ist immer alles im Gleichgewicht, und wenn du ehrlich zu dir selbst und nicht so sehr darauf bedacht bist, dass alles sich immer um dich dreht, dann kannst du diese Chance nutzen, um dich mit deinem Partner zu verbinden, statt so hart für dein Ego und dafür zu arbeiten, deinen Status der Besonderheit aufrechtzuerhalten.

Deine Gaben verstecken sich direkt vor deiner Nase oder sind in Problemen verborgen, die wie das genaue Gegenteil der Gabe aussehen. Wenn du die Gabe des Glaubens und der Zuversicht in dir trägst, könnte das Ego sie beispielsweise unter Angst und Misstrauen verbergen, die zu Kontrolle führen, sodass du deine Gaben nicht erkennst. Eine negative Einstellung dir selbst gegenüber ist immer unwahr und zeigt, wo das Ego auf Angriff versessen ist. Eine negative Einstellung anderen Menschen gegenüber ist ebenfalls unwahr. Das Ego benutzt sie sehr oft als Trick, um uns abzusichern oder das zu nehmen, was uns unserer Auffassung nach zusteht.

Die große Frage, um die es in diesem Kapitel geht, lautet, ob du bereit bist, dich abermals sowohl der Ehrlichkeit als auch dem Geben zu verpflichten. Deine Klagen sorgen dafür, dass du keine Gabe, sondern eine Belastung bist. Sie machen dich sauertöpfisch, und das führt dazu, dass die anderen Menschen sich von dir abwenden. Wenn du dich hingegen dafür entscheidest, den Weg der Gaben und der Großzügigkeit einzuschlagen, dann lässt du dein Licht und das Licht deines Lebens in viel höherem Maße leuchten.

Immer wenn du gibst, erfährst du Freude, während deine Klagen bedeuten, dass du urteilst, und Urteile sind die Ursache allen Leidens.

Jeder hat etwas, worüber er sich beklagt. Jedes Problem, das du hast, ist eine Klage. Je größer das Problem ist, umso größer ist deine Klage. Einige deiner Probleme sind so groß, dass sie deine Wutanfälle zeigen. Jedes Problem verbirgt deine Klage darüber, dass jemand dir von einer bestimmten Sache nicht genug gegeben hat, aber das, was du von ihm nicht bekommen hast, ist genau das, was du ihm nicht gegeben hast. Du bist derjenige, der die Gabe in sich trägt! Wenn du deine Gabe mit ihm geteilt hättest, dann gäbe es keine Klage, weil du durch dein eigenes Geben erfüllt worden wärest. Wenn du deine Gaben mit deinem Partner teilst, dann verbindet er sich mit dir in der Gabe, und dein Leben ist von Freude und Fluss geprägt.

Nutze dein Einfühlungsvermögen, um entweder deine Gaben zu entdecken oder einen Weg zu finden, der durch deine Klagen hindurchführt, indem du dich mit deinem Partner verbindest, während ihr euch darüber austauscht, was in der Beziehung nicht funktioniert. Eine positive Einstellung, in Verbindung mit einem feinen Gespür für Probleme, ist eine sehr mächtige Gabe, die eine Klage in einen Aktivposten verwandelt. Wenn dein Einfühlungsvermögen nicht darin liegt, das Problem zu finden, dann liegt es darin, deine Gabe oder die Lösung zu finden, die aus diesem Blickwinkel betrachtet ein und dasselbe sind. Teile deine Gaben und sei glücklich!

Lektion 77

Rollen, Stress und Selbstzentriertheit

Rollen, Erwartungen und der Stress, den sie hervorrufen, bergen insgeheim eine Belohnung. Das Ego benutzt alle diese Dinge, um seine eigene Wichtigkeit zu verkünden. Wenn du stressgeplagt bist, dann sagt dein Ego: „Ich muss wichtig sein. Schau nur, wie beschäftigt und gestresst ich bin und wie groß die Bürde ist, die ich trage. Ich muss eine entscheidende Rolle spielen. Ich muss eine besonders wichtige Person sein."

Du glaubst, das Ziel bestehe darin, wichtig, besonders oder unentbehrlich zu werden, aber das ist falsch. Vision ist nur dann möglich, wenn du dich öffnest, indem du etwas für wichtiger erklärst als dich selbst. Nur dann kannst du etwas vollbringen. Auf der Ebene der Meisterschaft verstehst du, dass es nicht um dich geht. Es geht um das Leben, den Himmel und Beziehungen. Wenn du das Streben nach Ruhm, nach der Besonderheit des Egos und danach, dass alles sich um dich drehen soll, aufgibst, dann gewinnst du paradoxerweise den Selbstwert zurück, den du aufgegeben hast, als du dich getrennt und eine Identität erschaffen hast. Damit hast du deine Identität als reiner Geist und Kind Gottes zugedeckt, die dir von Gott gegeben wurde. Sie kann nicht geändert, sehr wohl aber durch Illusion und Begrenzungen zugedeckt werden.

Frieden ist das Ziel. Je stärker du von Frieden erfüllt bist, umso fähiger bist du, deine Bestimmung anzunehmen und der zu sein, der du sein wolltest. Je stärker du von Frieden erfüllt bist, umso mehr erlangst du das Bewusstsein dafür zurück, dass du unbegrenzter Geist bist. Meisterschaft ist die Erkenntnis, dass du nicht besonders bist, weil alle Menschen besonders sind. Jeder Mensch befindet sich auf einer anderen Ebene der Entwicklung und der Begabtheit, aber auf der Ebene des reinen Geistes sind wir alle gleich. Wenn du zur Erleuchtung gelangst, bist du ein Niemand geworden, ein Nichts. Wenn du zum Einssein gelangst, ist dein Ego eine absolute Null, aber du bist ein Selbst, vereint mit Gott und allem, was ist. Du hast vollkommenen Frieden und vollkommene Ganzheit erlangt. Du hast Heiligkeit erlangt.

Auf der tiefsten Ebene vergrößert dein Stress also die Macht deines Egos auf deine Kosten. Auf Kosten deiner Beziehungen sorgt er dafür, dass dein Leben sich nur um dich dreht. Das Maß deiner Selbstzentriertheit entspricht dem Maß, in dem du Spontaneität, Verbundenheit und Spaß verlierst. Das Maß, in dem du nicht im Fluss bist, entspricht dem Maß, in dem du gestresst bist, und Stress ist ein Versuch, Aufmerksamkeit zu erlangen. Entscheidest du dich für Liebe, Glück und Erfolg, oder entscheidest du dich dafür, die Macht deines Egos zu festigen? Es muss einen besseren Weg geben als Rollen, Erwartungen und Stress. Wenn du die heimlichen Belohnungen loslässt, die dich nicht glücklich machen, stellt sich ein ungleich höheres Maß an Fluss und Frieden ein. Wenn du dein „Sollen“ und „Müssen“ aufgibst, dann erkennst du, wie viel dir angeboten wird. Die Mauern deines Egos stürzen ein, damit du in ungleich höherem Maße empfangen und in ungleich höherem Maße geben kannst.

Lektion 78

Dich verstecken oder dein Licht leuchten lassen

Jedes Trauma birgt ein Element, bei dem es darum geht, dass du, wenn du zum Opfer gemacht wurdest, dich versteckst, statt dein Licht leuchten zu lassen. Du hast dich vor dem nächsten Schritt gefürchtet, der dir größere Nähe gebracht hätte. Du hast dich vor deiner Lebensaufgabe gefürchtet, weil du glaubtest, sie sei zu groß, und du hast nicht erkannt, dass der Himmel deine Lebensaufgabe durch dich erfüllt hätte. Du hast befürchtet, der nächste Schritt des Erfolges würde ein noch höheres Maß an Arbeit bedeuten, und du konntest dir nicht vorstellen, dich in noch höherem Maße aufzuopfern, weil du bereits völlig überfordert warst. Du hast dich vor dir selbst, deiner eigenen Größe und den Erwartungen gefürchtet, die an dich gestellt worden wären, und du hattest Angst, nicht damit umgehen zu können. Auf einer tieferen Ebene hast du schließlich befürchtet, dich in der Liebe zu einem Partner und in der Liebe zu Gott selbst zu verlieren. Die Alternative zu all diesen Ängsten besteht darin, dein Licht leuchten zu lassen, indem du deine Seelengabe öffnest und teilst, die du genau für diesen Anlass mitgebracht hast, um das Trauma zu verhindern. Auch der Himmel hält Gaben für dich bereit, die tatsächlich in einem

Wunder bestehen können, das alle gerettet hätte, bevor das Trauma geschah, und das ein neues Maß an Verbundenheit gebracht hätte. Wenn du dich zu deiner Lebensaufgabe und deiner Bestimmung bekannt hättest, dann hätten sie die Herausforderung gemeistert, ehe sie sich gestellt hätte, denn die Lebensaufgabe und die Bestimmung eines Menschen sind wunderbare und sehr wirkungsvolle Gaben. Sobald du dich zu ihnen bekennst, trittst du vor und lässt dein Licht auf einer vollkommen neuen Ebene leuchten. Das Ego predigt falsche Demut, die bewirkt, dass du dein Licht nicht leuchten lässt, sondern stattdessen durch das Leiden hindurchgehst, das in Wahrheit deine Ego-Identität erschafft. Es entfernt dich noch weiter von dem Zustand des Lichts und der Liebe, in dem du erschaffen wurdest. Dein Ego ist auf dem Schmerz und der Trennung aufgebaut, die daher rühren, dass du Selbstkonzepte erschaffst.

Dein Licht leuchten zu lassen ist eine Herausforderung, wenn alle anderen Menschen sich davor fürchten, aus der Menge herauszuragen. Es ist schwer, im Land der Pygmäen ein Riese zu sein. Mit der Entscheidung, dein Licht leuchten zu lassen, entscheidest du dich jedoch für deine Gaben, und sie erleichtert nicht nur dein Leben, sondern auch das Leben der Menschen in deiner Umgebung in hohem Maße. Deine Größe inspiriert andere Menschen und erlaubt ihnen, ihre Größe auszufüllen. Dein Licht erhellt den Weg und weist die wahre Richtung. Es ist ein Schritt zurück zu deinem ursprünglichen Selbst.

Kehre zu den traumatischen Erlebnissen und großen Problemen in deinem Leben zurück, um sie einer Prüfung zu unterziehen. Betrachte sie von der Warte aus, dass du dich davor gefürchtet hast, dein Licht leuchten zu lassen. Die Gaben, die du abgelehnt hast, warten noch immer auf dich. Stelle dir vor, dass du in die Zeit unmittelbar vor der Entstehung des Problems zurückkehrst. Bekenne dich zu deinen Gaben, deiner Lebensaufgabe und deiner Bestimmung. Heiße gleichzeitig die göttliche Präsenz für alle an der Situation beteiligten Menschen willkommen. Löse das Problem im strahlenden Licht deiner Größe und der Liebe des Himmels auf.

Lektion 79

Wie du andere Menschen erlebst

Diese grundlegende Lektion hat mit Wahrnehmung zu tun. Wahrnehmung ist das Bild, das du von einem anderen Menschen hast. Sie ist gleichbedeutend damit, *wie du einen anderen Menschen siehst, und nicht damit, wie er tatsächlich ist.* Du nimmst den anderen Menschen nicht so wahr, wie er wirklich ist, sondern betrachtest ihn durch die Augen deiner Entscheidungen und Selbstkonzepte. Auf einer sehr tiefen Ebene zeigt deine Erfahrung die Urteile, die du projiziert hast. Diese Urteile rühren von deinen Glaubenssätzen her und hängen davon ab, wie du einen Menschen wahrnehmen willst und welchem Zweck deines Egos deine Wahrnehmung dient. Du befreist die Geiseln, die dein Ego genommen hat, wenn du eine Situation nicht benutzt, um zu urteilen, sondern um Heilung zu erlangen und dich zu verbinden. Es ist also *deine Verantwortung*, wie du andere Menschen wahrnimmst. Wenn du diese Verantwortung auf eine wahre Weise einsetzt, wird dir deine Macht zurückgegeben. Sie schenkt dir die Zuversicht, die du brauchst, um Heilung zu bewirken und um den Frieden und die Wahrheit in einer Situation wiederherzustellen. Diese Zuversicht befähigt dich, auf sehr tiefen Schichten des Unbewussten zu heilen. Wenn du in dieser Liga spielst, kannst du das kollektive Unbewusste der ganzen Menschheit beeinflussen und die Welt damit zu einem besseren Ort machen. Wenn du das Prinzip der verantwortlichen Wahrnehmung verwirklichst, bist du bereit, den Menschen in deiner Umgebung zu vergeben und ihnen größere Gaben zu bringen, während du zugleich ihre Gaben willkommen heißt.

Lektion 80

Das Wesen eines Konflikts

Das Wesen eines Konflikts besteht darin, dass beide Partner bedürftig sind, denn anderenfalls würde ein Partner dem anderen auf ganz natürliche Weise bei seinen Problemen zur Seite stehen. Beide verteidigen ihr Ego, denn anderenfalls würde ein Partner nachgeben und sich mit seinem Partner verbinden. Sobald ein Partner nachgibt, gibt der andere normalerweise im selben Maße nach, was zur Folge hat, dass die vorherigen Positionen zu neuer Ganzheit für beide Partner integriert werden. Das funktioniert allerdings nicht, wenn beide Partner nicht an der Wahrheit interessiert, sondern nur darauf aus sind, Recht zu haben, etwas zu beweisen oder zu gewinnen. ***Das Wesen eines Konflikts besteht darin, dass beide Seiten sich vor einem höheren Maß an Erfolg, Nähe und Partnerschaft fürchten.*** Das Wesen eines Konflikts besteht darin, dass sie in ihrem Machtkampf nicht nur gegeneinander, sondern insgeheim auch noch gegen eine ganze Reihe anderer Menschen kämpfen, zu denen höchstwahrscheinlich zumindest ein Elternteil, sie selbst und Gott gehören.

Da die Welt ein Spiegel ist, zeugt also jeder Mensch, gegen den du kämpfst, von einem inneren Konflikt zwischen deinen Glaubenssystemen, die mit hoher Wahrscheinlichkeit viele gegensätzliche Selbstkonzepte enthalten. Jeder Kampf verteidigt einen weltlichen Götzen oder versucht, ihn zu bekommen. Das bindet dich an diese Welt, in der du glaubst, ein Götze, der dich nicht wirklich glücklich machen kann, sei das Beste, was du bekommen kannst. Bei deinem Partner und dir ist ein Teufelskreis aus Urteil, Götzen und Enttäuschung am Werk. Der Kampf zeigt einen Ort, an dem ihr euch vor der Transzendenz und vor dem Himmel auf Erden fürchtet. Der Preis, den du für den Himmel auf Erden zahlst, besteht darin, deine Glaubenssysteme aufzugeben. Ein Glaubenssystem ist eine Anhäufung von Selbstkonzepten, und du benutzt es, um dich selbst zu definieren, indem du dich von anderen Menschen trennst. Du kämpfst immer gegen Menschen, die für ein Glaubenssystem stehen, mit dem du dich in geringerem Maße identifizierst. Ein Kampf steht für dein gespaltenes Bewusstsein. Du willst Frieden und eine Lösung des Problems, aber du willst auch Trennung und Unabhängigkeit. Das Ego, das ein guter Kämpfer ist, weil es auf Angriff und Selbstangriff aufgebaut ist, kann nur in der Trennung bestehen, und genau dort versucht es, dir seinen Wert zu beweisen. Das Ego kämpft um sein Leben. Alle Aspekte eines Kampfes wie beispielsweise Konflikt, Urteil, Schuld, Angst und Mangel an Ebenbürtigkeit sind die Dinge, die dein Ego stark machen.

Dein Ego interessiert sich nicht wirklich für dich. Es will nur seine eigene Macht vergrößern, und zu diesem Zweck versucht es dich davon zu überzeugen, dass du dein Ego bist, dass du dein Körper bist und dass es nur diese eine Welt gibt. Es muss jedoch einen besseren Ort geben, und es muss auch einen besseren Weg geben. Die Eckpfeiler des Egos bestehen aus Angst, Schuld, Trennung und Autoritätskonflikt. Wenn du erkennst, dass sie eine schreckliche Sackgasse sind, dann kannst du dich der Wahrheit verpflichten und dich dafür entscheiden, einen besseren Weg zu finden, der sowohl von innerem als auch von äußerem Frieden geprägt ist. Transzendenz, Erneuerung und Wiedergeburt rufen dich. Folge dem Ruf.

Lektion 81

Das Bedürfnis nach Wichtigkeit

Das Bedürfnis nach Wichtigkeit macht dein Leben zu einem Marathon, der das Werk deines Egos ist. Du erschaffst eine Identität für dich selbst und gibst ihr Macht, um Anerkennung und Wertschätzung zu erlangen. Das Bedürfnis des Egos nach Wichtigkeit und Besonderheit ist allerdings äußerst gefräßig. Es wahrt seine eigenen Interessen und wehrt sich vehement gegen jede Geringschätzung seiner Wichtigkeit. Wenn du die Zeit, die du damit verbringst, deine Wichtigkeit unter Beweis zu stellen, einmal näher betrachten würdest, dann würde dir rasch klar, wie viel Zeit und Energie du auf dieses fruchtlose Unterfangen verwendest. Wenn du die Aufmerksamkeit für das, was du tust, nicht aus positiven Dingen erlangen kannst, dann gewinnst du sie aus den negativen Dingen, die dir widerfahren. Das ist vergeudete Zeit und Energie, die du stattdessen auf dein Wohlbefinden, auf Dinge, die Glück bringen oder anderen Menschen dienen, und darauf verwenden könntest, Dinge zu lernen, die deine Seele voranbringen. Du könntest diese Zeit nutzen, um dir selbst Frieden zu bringen, dein Herz weit werden zu lassen, deinen Geist zu öffnen und dich behaglich in der Umarmung des Himmels zu aalen. Das Bedürfnis nach Wichtigkeit verzehrt dich und steht dem

Geben und Empfangen im Weg, das dein Leben in ein reines Vergnügen verwandeln würde. Du würdest zusammen mit deinen unbedeutenden Sorgen zurücktreten, sodass der Himmel in stärkerem Maße präsent wäre.

Das Bedürfnis des Egos nach Wichtigkeit ist heimtückisch. Es schleicht sich ganz geschickt in deine Partnerschaft, in deine Familie und in deine beruflichen Beziehungen ein. Jede Emotion ist eine Reaktion auf etwas, das du als Kränkung deiner eigenen Wichtigkeit empfindest. In ihrem ausschließlichen Streben nach Selbstüberhöhung und Aufmerksamkeit macht sie dich vergessen, worum es im Leben wirklich geht, selbst wenn das bedeutet, dass du leiden musst, um sie zu bekommen. Statt nur der Prügelknabe deines Egos zu sein, kannst du dich für die Einfachheit der Liebe und Freude und dafür entscheiden, den Himmel willkommen zu heißen.

Lektion 82

Der Teufelskreis aus Besonderheit und Unwürdigkeit

Die Größe deines Egos entspricht dem Maß, in dem du dafür sorgst, dass es immer nur um dich geht. Du sorgst dafür, dass deine Partnerschaft sich um dich, dein Verhältnis zu deinem Ego und seine Bedürfnisse dreht. Du sorgst dafür, dass das Leben sich einzig um das dreht, was dir widerfährt und was du durchmachst. Du glaubst, dass es nur darum geht – um die Aufmerksamkeit und Anerkennung, die dir infolge deiner Besonderheit zuteilwird. Du hast dein ganzes Leben damit verbracht, entweder besonders sein zu wollen oder aber deine Besonderheit zu kompensieren, weil du dich deines gierigen Bedürfnisses nach Aufmerksamkeit geschämt hast. Je mehr Aufmerksamkeit du allerdings zu bekommen versuchst, umso mehr wird dein Gefühl der Unwürdigkeit verstärkt. Du glaubst, dass, wenn du liebenswürdig wärest, dir ganz selbstverständlich all die Aufmerksamkeit und Anerkennung zuteilwürde, die du verdienst, und dass die Tatsache, dass du um sie kämpfen musst, bedeutet, dass du in Wahrheit nicht sonderlich liebenswürdig bist. Deine Besonderheit ist raffgierig, was dazu führt, dass deine Unwürdigkeit als Teil eines Teufelskreises verstärkt wird. Dagegen hat dein Ego absolut nichts einzuwenden, weil Unwürdigkeit ebenfalls ein Teil des Egos ist. Es benutzt deine Besonderheit, die deiner Meinung nach eine gute Idee ist, verheimlicht dir aber ihre Schattenseite, die in Unwürdigkeit besteht. Sowohl Besonderheit als auch Unwürdigkeit sabotieren deine Beziehung. Besonderheit ist eine vorgetäuschte Form von Liebe, die nimmt, aber weder gibt und empfängt noch dafür sorgt, dass du dich wohlfühlst. Sie nimmt, und dein Ego lässt dich unbekümmert den Preis dafür bezahlen, der in einem herabgesetzten Selbstwertgefühl und dem Glauben besteht, dass das, was dich glücklich macht, außerhalb deiner selbst zu finden ist. Der Versuch zu nehmen hat Abhängigkeit, Niederlage und Schmerz zur Folge. Das Ego vergrößert seine Macht durch Besonderheit, Schmerz und Nehmen, und es arbeitet dem entgegen, was du dir für dich selbst wünschst, nämlich die Liebe, das Glück und die Fülle, die du verdienst.

Lektion 83

Die Prüfungen der Unzulänglichkeit

Das Ego will dafür sorgen, dass du dich unzulänglich fühlst. Dies geschieht immer dann, wenn du dich trennst, um ein noch höheres Maß an Unabhängigkeit zu erlangen, wie es in Opfer- und Konfliktsituationen der Fall ist. Das Ego benutzt diese Situationen, um seine Sache voranzubringen und stark zu werden, und es tut dies auf deine Kosten. Du übernimmst Selbstkonzepte der Schwäche und der Unzulänglichkeit, die das Ego als Ausrede benutzt, um Nähe und Erfolg aus dem Weg zu gehen. Es strebt nach Kontrolle durch die Spaltung deines Bewusstseins, die geschieht, wenn Verbundenheit zerstört wird. Der Verlust der Verbundenheit geht immer mit Angst, Schwäche, Verlust, Widerstand, Schuld und Konkurrenz sowie dem Gefühl von Unzulänglichkeit einher. Dies setzt einen Teufelskreis aus Überlegenheit und Unterlegenheit in Gang, der dazu führt, dass du dich ständig mit anderen Menschen vergleichst, statt dich mit ihnen zu verbinden und dich an ihnen zu erfreuen. Du vergeudest nicht nur Zeit, sondern beraubst dich auch des Vergnügens, das einer Partnerschaft innewohnt.

Wenn du dich unzulänglich fühlst, dann glaubst du, den Aufgaben, die vor dir liegen, nicht gewachsen zu sein. Du glaubst, nicht gut oder nicht würdig genug zu sein, um zu empfangen oder dich partnerschaftlich zu verbinden. Du bemühst dich zu sehr oder gibst auf, noch ehe du richtig begonnen hast. Beides führt zu Herzensbruch oder Niederlage. Übermäßiges Bemühen ist eine Kompensation, sodass, selbst wenn du Erfolg haben solltest, die Belohnung nur ein Ausgleich für den damit verbundenen Stress ist. Perfektionismus ist ein gutes Beispiel für die Kompensation von Gefühlen der Unzulänglichkeit. Je stärker deine Gefühle der Unzulänglichkeit sind, umso größer wird dein Wunsch nach Perfektionismus und Überlegenheit, um diese negativen Gefühle auszugleichen. Möglicherweise gibst du aber auch ganz auf, weil du weißt, dass Perfektion unmöglich zu erreichen ist. Du versuchst, bei dieser Spaltung deines Bewusstseins die überlegene Position einzunehmen, aber jede Spaltung ist mit einem hohen Maß an Stress verbunden. Der Versuch, als Perfektionist „auf dem Wasser zu gehen", sabotiert das Ziel der Perfektion, das erbitten würde, was du erreichen willst, anstatt dich anzutreiben oder zu zwingen. Eine Kompensation kann dich in diesem Stadium extrem unter Druck setzen, weil sie Forderungen stellt und Erwartungen an dich und andere Menschen richtet. Du hast das Gefühl, deine Aufgabe erfüllen zu „müssen" oder zu „sollen". Forderungen lassen das Empfangen völlig außer Acht. Du treibst dich in zu viele Richtungen an, um Erfolg zu haben, oder versuchst es erst gar nicht, weil du es niemals perfekt hinbekommen würdest. Zu einem späteren Zeitpunkt kompensiert deine Kontrolle deinen Mangel an Zuversicht, oder die Einstellung von „ich müsste" oder „ich sollte" deckt den Herzensbruch und die Schuld zu, die ursprünglich vom Verlust der Verbundenheit, Gefühlen der Unzulänglichkeit und Kompensationen herrühren.

Stelle keine weiteren sinnlosen Vergleiche mehr an, die von verborgenem Hass geprägt sind und mit denen du deine Zeit auf sinnlose Konkurrenzkämpfe vergeudest. Gib dein Bedürfnis auf, andere Menschen zu beherrschen oder dich ihnen zu unterwerfen. Es hat zur Folge, dass du dich nicht länger aufopferst und das Bedürfnis, zu verletzen oder selbst verletzt zu werden, ebenso aufgibst wie den Wunsch, deinen eigenen Weg zu gehen und getrennt zu sein, der die Gefühle der Unzulänglichkeit nur weiter verstärkt. Was ist das angesichts der Wahrheit? Du kannst dich für die Ebenbürtigkeit entscheiden. Du kannst dich davor hüten, über andere Menschen zu urteilen, und erkennen, dass jedes negative Gefühl bedeutet, dass du geurteilt und angegriffen hast. Die Liebe ist so nahe. Erkenne, dass du dort, wo du geurteilt hast, einen Hilferuf unbeantwortet gelassen hast, den Geben, Vergebung oder Segenswünsche verstummen lassen würden. Du bist an einem Punkt in deinem Leben angekommen, an dem du die Illusion beenden könntest, der du bislang erlaubt hast, dich zu führen. Nun reißt du die Mauern nieder, die du benutzt hast, um dich zu trennen. Sie waren das Fundament deiner Unzulänglichkeit und deiner Herabwürdigung, auf deren Ausgleich du unzählige Stunden verwendet hast. Erbitte stattdessen Liebe und Ebenbürtigkeit, damit du den Himmel wieder neu erfahren kannst.

Lektion 84

Die Allgegenwärtigkeit der Verschwörung von Beherrschung und Unterwerfung

Vielen eigentlich sehr gut funktionierenden Beziehungen werden durch die Verschwörung von Beherrschung und Unterwerfung dennoch Grenzen auferlegt. Es findet eine geheime Absprache darüber statt, wer der beherrschende Partner und wer der unterwürfige Partner ist, wobei beide Seiten ihrer jeweiligen Rolle allerdings manchmal überdrüssig werden und dann die jeweils andere Position einnehmen. Die Verschwörung von Beherrschung und Unterwerfung kann zum Problem werden, wenn der beherrschende Partner seinen unterwürfigen Partner missbraucht, der seinerseits zum Sklaven werden kann, um ein Bedürfnis erfüllt zu bekommen, das er als für sein Wohlbefinden absolut notwendig erachtet. Der beherrschende Partner bringt dem unterwürfigen Partner keine Wertschätzung entgegen, und der unterwürfige Partner wertschätzt sich selbst nicht. Wenn die Partner in diesen Rollen gefangen sind, dann ist die Beziehung von Leblosigkeit geprägt, und wie jeder Teufelskreis soll auch sie die Partner daran hindern, den nächsten Schritt zu gehen.

Die Verschwörung von Beherrschung und Unterwerfung kann eine Beziehung im Unglück festhalten. Der beherrschende Partner ist ungeduldig und frustriert, während der unterwürfige Partner einfach nur unglücklich ist. Nur Ebenbürtigkeit und Gegenseitigkeit können deine Beziehung mit Glück erfüllen, und du kannst sie ganz einfach dadurch erreichen, dass du dich ihnen ständig neu verpflichtest. Dadurch, dass du Ebenbürtigkeit und Gegenseitigkeit wertschätzt, lernst du, dich selbst, deinen Partner und die Beziehung wertzuschätzen. Du trampelst nicht auf anderen Menschen herum und lässt nicht zu, dass sie auf dir herumtrampeln. Du überwindest deine Angst vor Nähe, Erfolg und deiner Lebensaufgabe, die diese Verschwörung verbirgt. Sie dient dem Ego auch nicht länger als Ausrede dafür, sich zu trennen. Die Beziehung kann erneut zum Werkzeug der Transformation und zu einer Möglichkeit werden, Liebe zu geben und zu empfangen. Sie kann zur Nähe zurückfinden und Erfolg bringen, weil sie ein festes Fundament bietet. Sie kann die Mühelosigkeit bringen, die mit Fluss einhergeht, und die Freude, die mit echtem Kontakt verbunden ist.

Sei dir jeder Verschwörung von Beherrschung und Unterwerfung bewusst, die du in dir trägst. Frage dich, wie viele Verschwörungen es sind, und bringe sie zum Handelsposten des Himmels. Heute kannst du ein gutes Geschäft machen, indem du sie gegen Selbstliebe und Partnerschaft eintauschst.

Lektion 85

Deine Vernachlässigung als Kind

Wenn du als Kind vernachlässigt wurdest, neigst du dazu, einen bestimmten Aspekt deines Lebens zu vernachlässigen – deine Kinder, deinen Partner, deine Arbeit, vor allem aber dich selbst. Die Vernachlässigung, die du als Kind erfahren hast, kann dich emotional erstarren lassen, was zur Folge hat, dass du entweder niemals richtig erwachsen oder aber unabhängig wirst und deinem Partner nicht zutraust, sich um dich zu kümmern. In manchen Fällen kann sie dazu führen, dass du die Rolle einer Fürsorgeperson ausagierst, um die Fürsorge zu kompensieren, die du als Kind nicht bekommen hast. Unabhängig davon, welche Form sie in der Gegenwart annimmt, fällt es dir schwer, die Verbundenheit wiederherzustellen, weil du die Vernachlässigung in deiner Kindheit als Ausrede benutzt hast, um dich zu trennen, dich zu verstecken, dich zurückzuziehen, zu schwelgen und vor deiner Lebensaufgabe davonzulaufen.

Der einzige Sinn der Seelenlektion besteht in einer solchen Situation in der Erkenntnis, dass es keinen Grund gibt, dich der Liebe und Aufmerksamkeit eines anderen Menschen beraubt zu fühlen, wenn er sich nicht um dich kümmert. Du kannst sie energetisch dem Menschen geben, von dem du erwartet hattest, dass er sie dir gibt. Dadurch wird dein Bedürfnis erfüllt, und ihm wird geholfen. Wenn Eltern etwas haben, das sie geben können, dann geben sie es, aber was sie nicht haben, können sie dir nicht geben. Wenn du die damit verbundene Seelenlektion lernst, dass wir das, was wir wollten, die ganze Zeit in uns getragen haben, dann kannst du es allen Menschen geben. So heilst du den Mangel deiner Eltern und übernimmst ihn nicht selbst. Du lernst etwas über die Liebe und die Gaben, die du in dir trägst, um etwas zu verändern, statt zu erwarten, dass äußere Dinge und Umstände dafür sorgen, dass du dich gut fühlst.

Lektion 86

Eine Erwartung kann nicht erfüllt werden

Eine Erwartung kann nicht erfüllt werden, weil sie zwei verschiedene Dinge will. Sie steht für ein gespaltenes Bewusstsein. Eine Seite ist das vorgebliche Ziel, von dem du glaubst, es tun oder erreichen zu ***müssen***. Es treibt dich an und sorgt dafür, dass du dich zu sehr bemühst, statt im Fluss zu sein. Dieses Gefühl, etwas tun zu *müssen*, raubt ihm die Belohnung. Es raubt ihm scheinbar die Wahl oder die Möglichkeit, es tun zu *wollen*. Hinzu kommt noch, dass die andere Seite des gespaltenen Bewusstseins, deren Ziel nicht erreicht wird, immer unglücklich ist. Einer Erwartung wohnt einerseits das positive Ziel inne, das du erreichen willst, und andererseits das verborgene Ziel, das in dem Wunsch nach Unabhängigkeit besteht. Das Erreichen des positiven Ziels würde dich wieder neu verbinden und dir ein neues Maß an Erfolg und Nähe ermöglichen. Dem Bedürfnis deines Egos nach dissoziierter Unabhängigkeit läuft dies allerdings entschieden zuwider, weil es Trennung benutzt, um an seinen Privilegien festzuhalten und dafür zu sorgen, dass das Leben sich ausschließlich um es selbst dreht.

Eine Erwartung kann auch deshalb nicht erfüllt werden, weil sie durch eine Phantasievorstellung genährt wird. Selbst wenn also die Phantasievorstellung, die eine Kompensation ist, erfüllt würde, wird das darunter liegende Bedürfnis nicht befriedigt. Das führt dazu, dass du deine Phantasievorstellung änderst, weil das Bedürfnis nach wie vor da ist. Unabhängig davon, ob deine Phantasievorstellung verwirklicht wird, bist du enttäuscht, weil äußere Dinge dich nur vorübergehend befriedigen können. Eine Phantasievorstellung zeigt, dass du heimlich versuchst, etwas von außerhalb deiner selbst zu bekommen, um dich glücklich zu machen, aber nur Geben und Empfangen können dir Befriedigung schenken. Erwartungen und Phantasievorstellungen sollen einen alten Verlust wiedergutmachen und das Bedürfnis befriedigen, das von Trennung herrührt. Die Anhaftung, die ebenfalls mit einem Verlust einhergeht, verhindert jedoch, dass du empfangen kannst, weil sie an dem ursprünglichen Verlust festhält und dem Empfangen keinen Raum gibt. Deshalb kann das Festhalten an einer alten Beziehung verhindern, dass du eine neue Beziehung eingehen kannst.

Erwartungen, Anhaftung und Phantasievorstellungen sind in einer negativen Dynamik miteinander verknüpft, zu der auch Forderungen gehören. Forderungen rühren von Bedürfnissen her, und der Mangel an Selbstachtung und die Gefühle der Unzulänglichkeit, die ein Verlust erzeugt, bringen uns dazu, eine Forderung zu stellen, statt um etwas zu bitten. Wenn derjenige, der die Forderung erfüllen soll, nicht auf einer höheren Bewusstseinsstufe lebt, fühlt er sich genötigt oder gezwungen. Dann wird die Forderung aus einer Haltung der Aufopferung heraus und nicht von einem Ort der Bereitschaft aus erfüllt. Sein Gefühl der Nötigung bewirkt, dass er sich selbst nicht in das einbringt, was er tut. Ohne Selbsthingabe kann es jedoch kein uneingeschränktes Geben und Empfangen und damit keine Erfüllung geben.

Ein weiterer Aspekt, der verhindert, dass Erwartungen erfüllt werden, liegt darin, dass du, wenn du etwas – ob Sex, Liebe oder Geld – wirklich brauchst, es nicht haben kannst. Das Universum will dich lehren, dass alle äußeren Dinge, die du zu brauchen glaubst, dich nicht glücklich machen können. Du bist aufgerufen, sie loszulassen, ehe du sie haben kannst. Das Bedürfnis, die Phantasievorstellung, die Anhaftung und den Verlust loszulassen und dir Ziele zu setzen, statt deine Phantasievorstellungen verwirklichen zu wollen, funktioniert in diesem Stadium paradoxerweise am besten. Wenn du loslässt, werden deine Bedürfnisse erfüllt. Wenn du erkennst, dass du dich dafür entscheiden kannst, etwas deshalb zu tun, weil es das Beste oder weil es wahr ist, und nicht deshalb, weil du es tun *musst*, dann beraubt es dich nicht der natürlichen Belohnung, die damit verbunden ist, dass du gibst.

Lektion 87

Aufopferung, Verbitterung und das Ego

Aufopferung ist eine der großen Fallen, die das Ego uns stellt. Es erklärt dir, dass du mit ihrer Hilfe deine Schuld tilgen, dein Versagen wiedergutmachen und deine Unwürdigkeit wettmachen kannst. Es erklärt dir, dass Aufopferung spirituell ist und dass du damit ein gutes Werk tun kannst. „Wenn sie für Jesus gut genug war, dann ist sie auch gut genug für mich." Aufopferung gibt dir die Möglichkeit, dir das, was du dir wünschst, zu verdienen und alle Schuld zu tilgen. Doch nichts davon ist wahr. Das Ego benutzt Aufopferung, um sich eine Identität zu geben, und da das Ego eine Illusion ist, muss das, was es aufbaut, ebenfalls eine Illusion sein.

Aufopferung rührt vom Verlust der Verbundenheit her und wird benutzt, um zu verhindern, dass die Verbundenheit wiederhergestellt wird. Sie verbirgt die Tatsache, dass du dich vor der Liebe fürchtest. Die Menschheit verwechselt Aufopferung seit vielen Jahrtausenden mit Liebe, und diese Verwechslung hat so lange Bestand, bis du endlich anfängst, dich zu deiner Göttlichkeit zu bekennen. Die Erkenntnis, dass du reiner Geist bist, befreit dich von den letzten Fesseln der Aufopferung. Das Ego verspricht, dass du durch Aufopferung deine Schuld tilgen, dein Versagen wettmachen und Unwürdigkeit in Selbstwert verwandeln kannst. Es benutzt andere Menschen jedoch nur und opfert sich danach auf, um Schuld, Versagen und Unwürdigkeit zuzudecken. Das Ego will sich nicht von den Dingen befreien, die seine Macht vergrößern, und dazu gehören auch Versagen, Schuld, Unwürdigkeit und Angst. Wie alle deine Abwehrstrategien vergrößert auch die Abwehrstrategie der Aufopferung nur die Macht deines Egos. Aufopferung kann deine Unwürdigkeit nur verstärken. Durch Geben und Vergeben wird sie geheilt. Aufopferung ist eine Rolle, und Rollen können nicht empfangen. Rollen machen Aufopferung zu einer Seinsweise. Als Rolle oder als Einstellung von „ich sollte" nimmt sie dem, was du tust, die Lebendigkeit. Als Pflicht nimmt sie dem, was du tust, die Freiheit und die Wahl. Dadurch entsteht Stress auf Kosten der Freiheit. Weil das Ego per Definition auf Stress und Begrenzung aufgebaut ist, raubt es dir das Glück, das mit Freiheit einhergeht. Aufopferung verbirgt dein Versagen und deine Schuld und sorgt dafür, dass du beide behältst.

Aufopferung hat nichts mit Spiritualität zu tun, die bedeutet, dass du dich als reiner Geist erkennst und nach diesem Prinzip lebst. Aufopferung beruht auf Konkurrenz. Sie sieht dich als Körper. Sie versucht, die Besonderheit zu erlangen, die mit Gewinnen und Verlieren einhergeht, während sie zugleich ihre Angst vor Erfolg und Nähe verbirgt. Aufopferung fürchtet sich vor Gegenseitigkeit und der Ebenbürtigkeit, die mit ihr einhergeht, denn beide würden neuen Fluss erzeugen und zeigen, dass das Ego überflüssig ist. Aufopferung verbirgt den Teufelskreis aus Überlegenheit und Unterlegenheit, der dich gefangen hält und verhindert, dass du den nächsten Schritt gehen kannst.

In *Ein Kurs in Wundern* heißt es, Jesus sei gekommen, um der Aufopferung ein Ende zu bereiten und die Kreuzigung damit zur „letzten nutzlosen Aufopferung“ zu machen. Was durch Aufopferung erreicht wird, hätte stattdessen mühelos auch durch Gnade und Wunder erreicht werden können.

Aufopferung ist eine Möglichkeit, dich zu verstecken. Sie ist eine Ausrede, dein Licht nicht leuchten zu lassen. Je mehr du dich aufopferst, umso größer wird deine Verbitterung gegenüber den Menschen, für die du dich aufopferst, weil Aufopferung deine Bürden vergrößert. Du empfindest Verbitterung gegenüber deinen Eltern, deinen Kindern, dem Leben, Gott, der Situation, deinem Partner, deinem Vorgesetzten, deiner Firma und allen anderen Menschen, von denen du glaubst, dass sie dich in die Aufopferung zwingen. *Du allein bist jedoch derjenige*, der Aufopferung von dir fordert. Du benutzt sie, um deine Angst vor Liebe, Erfolg und deiner Lebensaufgabe zu verbergen. Aufopferung bringt dir nichts ein außer Stress und Leblosigkeit, weil sie nicht empfangen kann.

Es gibt noch eine tiefere Ebene der Verbitterung, denn das Ego will nicht darüber verhandeln müssen, ob seine Bedürfnisse erfüllt werden, wie es bei der Aufopferung der Fall ist. Das Ego will angreifen und nehmen, was es zu brauchen glaubt. Es ist davon überzeugt, dass ihm alles zusteht, was es braucht, und meint deshalb, sein Angriff auf denjenigen, der es ihm vorenthält, sei gerechtfertigt. Das Ego trägt mehrere Schichten der Verbitterung in sich, die mit Aufopferung zu tun haben, da es seine Motive und Machenschaften unter dem Deckmäntelchen des Anstandes verbergen muss.

Heute ist ein guter Tag, um jede Form von Aufopferung zugunsten wahren Gebens aufzugeben. Heiße die Hilfe des

Himmels willkommen und mache Pläne, statt dich aufzuopfern, denn es ermöglicht Partnerschaft mit anderen Menschen und macht dein Leben leicht.

Lektion 88

Niemand ist schuld, aber jeder ist verantwortlich

Das Urteil, das du über andere Menschen fällst, verbirgt die Tatsache, dass du dich selbst verurteilst, und genau diese Dinge sind die Auslöser von Krankheit und Verletzung in deinem Leben. Verurteilung errichtet der Schuld ein Denkmal, und Schuld verurteilt dich zu Unglück und Tod. Verantwortung ist die Alternative zur Schuld. Schuld vergrößert die Macht des Egos ebenso wie Opfersituationen, während Verantwortung es auflöst. Ohne Schuld gehst du auf dich selbst und auf andere Menschen ein. Du durchschreitest die Mauern, die deine Schuld und das Ego errichtet haben, und löst sie auf. Nachdem du das Ego aufgebaut hast, damit du dich in der Welt zurechtfinden kannst, wird es überflüssig und ist der Liebe und der Freude ebenso abträglich wie dem wahren Erfolg, der auf Partnerschaft und Ebenbürtigkeit beruht. Verantwortung verbindet dich und erzeugt Fluss. Das Ego wirkt dem entgegen, indem es Rollen und Aufopferung vorschlägt, um deine Schuld zu kompensieren, von der es dich jedoch niemals wirklich befreit. Das Ego benutzt diese Strategie, um zu verhindern, dass du empfängst, und schließt die Schuld in dir ein. Das setzt nicht nur deinen Selbstwert herab, sondern sorgt auch dafür, dass du dich für deine Schuld weiter selbst bestrafst. Sobald du erkennst, dass Schuld zerstörerisch wirkt und ein Trick des Egos ist, der allein dazu dient, seine eigene Macht zu vergrößern, erkennst du auch, dass dein Ego dich in der Trennung festhält, dass es keine wirkliche Achtung für dich empfindet und dass es dich dazu gebracht hat, dich in so hohem Maße mit ihm zu identifizieren, dass die meisten Menschen keinen Unterschied zwischen sich und ihrem Ego erkennen können. Das Ego bringt dich auch dazu, dich mit deinem Körper zu identifizieren. Damit schlägst du einen Weg ein, der in Richtung Tod führt, und genau dieses Ziel hat das Ego für dich vorgesehen. Es ist arrogant genug zu glauben, dass es der Strafe entkommen kann, zu der es dich verurteilt hat, und es glaubt tatsächlich, dass es dich sogar noch weiter bis in die Hölle selbst verfolgen kann. Das Ego will dich überhöhen und dir zugleich Beschränkungen auferlegen. Beides macht dich nicht glücklich, sondern verstärkt lediglich die Trennung und festigt die Stellung des Egos.

Wenn du beginnst, den Unterschied zwischen deinem Ego und dem, der du wirklich bist, zu erkennen, dann zeigt sich allmählich ein ganz anderes Ziel, und du kannst ein weit höheres Maß an Einfühlsamkeit entwickeln. Dein Bewusstsein vereinigt sich allmählich in sich selbst, und in gleicher Weise kommst du auch den Menschen in deiner Umgebung näher. Du erkennst allmählich, dass du das, was du anderen Menschen gibst, in Wirklichkeit dir selbst gibst. Du beschreitest den Weg, der dich zur Vereinigung, zur Liebe, zum Christusbewusstsein und zu deinem höheren Selbst führt.

Einfühlsamkeit lässt Freude entstehen. Schuld greift dich an, weil sie sich von anderen Menschen und vom Leben zurückzieht. Einfühlsamkeit geht von dem Christus in dir aus, während Schuld nur höhere Mauern errichtet. Einfühlsamkeit erschafft den Himmel auf Erden, während Schuld die Hölle auf Erden entstehen lässt. Einfühlsamkeit will dazu beitragen, Ebenbürtigkeit zu erschaffen. Das Ego benutzt Schuld, um Besonderheit und dunklen Glanz zu erzeugen. Schuld ist eine psychologische Falle, eine Illusion, die das Ego benutzt, um zu verhindern, dass du die Lektion lernst, den Fehler berichtigst und weitergehst. Einfühlsamkeit ist offen, lernt die Lektion und lässt Fluss entstehen, der die Angst auflöst, die deine Schuld zu schützen versucht, statt sich ihr als einer weiteren Illusion zu stellen. Einfühlsamkeit geht durch den Teufelskreis aus Schuld und Angst hindurch, um die Wahrheit, deinen Wert und den Wert anderer Menschen festzustellen. Das Ego benutzt Schuld, um seine Besonderheit unter Beweis zu stellen und dafür zu sorgen, dass alles sich um dich und nicht um das Leben, das Lernen und die Liebe dreht. Einfühlsamkeit macht weit, während Schuld einengt. Einfühlsamkeit kehrt den Hang des Egos um, dich zu isolieren. Wenn du dich schlecht fühlst, fühlst du dich schuldig. Du kannst mühelos durch diese Gefühle hindurchgelangen, indem du fragst, wer deine Hilfe braucht, einfühlsam auf den betreffenden Menschen eingehst und ihm deine Liebe sendest oder das für ihn tust oder ihm gibst, was dir eingegeben wird. Dies ist ein äußerst müheloser Weg, um Schuld aufzulösen, anderen Menschen zu helfen und die Welt voranzubringen.

Lektion 89

Missverständnisse in Bezug auf Aufopferung

Wenn Menschen sich ihrer Aufopferung und der Schwierigkeiten, die sie verursacht, bewusst werden, machen sie oft einen entscheidenden Fehler. Statt emotionale Reife zu zeigen und sie zu heilen, laufen sie vor ihr davon. Sie laufen vor ihrer Aufopferung, ihren Rollen und ihrer Verantwortung davon. Sie glauben, Unabhängigkeit und Vermeidung seien die Antwort. Das mag durchaus stimmen, wenn jemand missbräuchlich oder gewalttätig ist oder wenn du erkennst, dass du einen anderen Menschen benutzt, um dich selbst zurückzuhalten. Doch auch dann, wenn du dich in einem solchen Fall zurückziehst, bist du aufgerufen, deine negativen Muster, deine dunklen Geschichten und das Spiegelbild deines Geistes zu heilen, das andere Menschen dir zeigen.

Die Frage, ob du in die Unabhängigkeit gehst, lässt sich ganz einfach daran ermessen, wie du dich fühlst. Gefühle von Verletztheit, Selbstgerechtigkeit oder Zorn zeigen, dass du die Aufopferung und die damit verbundene Leblosigkeit und Erschöpfung benutzt. Aufopferung zu heilen ist nicht schwer, aber manchmal ist es schwierig, alle Orte zu finden, an denen du dich aufopferst. Beziehungen zu anderen

Menschen, auch im Beruf, sind hilfreich, wenn es darum geht, diese tief in dir verborgenen Orte zu entdecken. Aufopferung tut die richtigen Dinge aus den falschen Gründen, und wenn du die falsche Richtung einschlägst, dann läufst du vor der Situation, in der du das Gefühl hast, dich aufzuopfern, davon, statt sie zu transformieren. Wenn du dies tust, dann hast du dich lediglich in neue Rollen verwickelt, zu denen Unabhängigkeit, die Opferrolle und Aufopferung gehören, und du schiebst den nächsten Schritt hinaus, der dich auf eine neue Ebene der Partnerschaft bringen würde. Der Schritt in die Partnerschaft macht dein Leben mühelos, statt dich zu isolieren, und du wirst empfänglich, statt zu urteilen. Der Wunsch nach Aufopferung, Unabhängigkeit oder Opferrollen ist der Wunsch, die Welt nach deinem Gutdünken zu kontrollieren, anstatt die Lektion zu lernen und den nächsten Schritt zu gehen. Du beharrst auf der Überzeugung, dass dein Glück von äußeren Dingen herrühren muss, und wenn die Welt nicht so handelt, wie du es ihr zugedacht hast, dann greifst du an, ziehst dich zurück, beklagst dich oder bestrafst die Welt mit deinen Emotionen.

Manchmal tappen selbst hoch spirituelle Menschen in die Falle und laufen vor der Tatsache davon, dass sie sich aufopfern. Das führt jedoch nur dazu, dass sie ihr Problem mitnehmen, und irgendwann stellen sie fest, dass sie jeden neuen Ort, an den sie geflüchtet sind, ebenfalls zu einem Ort der Aufopferung gemacht haben. Wenn es auf dieser Ebene keine Möglichkeit mehr gibt, dich noch weiter zurückzuziehen, schlägt das Ego den Tod als Ausweg vor, als das endgültige Urteil, das du über die Welt fällst, weil es ihr nicht gelungen ist, den richtigen Weg zu finden.

Wenn du feststellst, dass du dich aufopferst, kannst du auf deine Stimme der Weisung lauschen, um herauszufinden, was du tun sollst. Wenn du spirituell weit genug fortgeschritten bist, kannst du diese Weisung sogar direkt empfangen. Anderenfalls kannst du aber auch den Himmel um ein Zeichen bitten, das so klar ist, dass du die Wahrheit, die dir mitgeteilt wird, nicht falsch verstehen kannst. Beginne an deiner Heilung zu arbeiten, indem du vergibst und deine Projektionen zurückziehst, damit deine Unschuld und die Unschuld der Welt wiederhergestellt werden können. Lausche auf die Wahrheit, weil sie der beste Weg zur Freiheit ist.

Lektion 90

Du triffst die Entscheidung, dich aufzuopfern

Du triffst die Entscheidung, dich aufzuopfern, obwohl du anderen Menschen die Schuld an deiner Situation geben willst. Burnout ist ein besonders beliebtes Mittel, um anderen Menschen die Schuld an einer Situation zu geben, in der du dich befindest. Wie jedes andere Problem benutzt du Aufopferung, *um etwas zu bekommen*. Es ist wichtig, dich immer wieder zu fragen, welches Ziel du damit verfolgst. Zu welchem Zweck opferst du dich auf? Welche Selbstkonzepte stützt deine Aufopferung? Was willst du mit ihrer Hilfe beweisen? An wem willst du dich rächen, indem du dich aufopferst? Frage dich, was deine Aufopferung dir zu tun erlaubt. Welche Ausrede liefert sie dir? Spüre in dich hinein, ob du dich in einer oder mehreren der nachfolgend genannten typischen Antworten wiederfindest: Ich kann meine Besonderheit unter Beweis stellen, eine wichtige Rolle spielen und meinen eigenen Willen durchsetzen. Ich kann mich verstecken, muss mich nicht zeigen, brauche mein Licht nicht leuchten zu lassen oder kann vor meiner Lebensaufgabe davonlaufen. Ich kann überlegen oder unterlegen sein. Ich kann jetzt verlieren und später gewinnen. Ich benutze Aufopferung als eine Strategie in meinem Konkurrenzkampf. Ich kann darauf bestehen, dass alle anderen sich ebenso sehr aufopfern wie ich. Aufopferung ist Teil meiner Verschwörung gegen mich selbst, weil ich mich vor meiner Lebensaufgabe und vor meiner Bestimmung fürchte. Sie ist ein Angriff gegen Menschen, die in meinem Leben eine wichtige Rolle spielen, und gegen Gott. Sie ist eine Form von Selbstangriff, um Schuld zu tilgen. Sie ist eine Rolle, die ich spiele, damit ich eine Ausrede habe, unabhängig zu sein. Sie ist eine Rolle, die ich spiele, um alten Opferschmerz zu kompensieren, weil ich Angst davor habe, ihn loszulassen. Aufopferung gibt mir die Möglichkeit zu beweisen, dass meine Sicht der Dinge richtig ist. Ich habe Recht sowohl, was mich selbst, als auch, was andere Menschen angeht. Ich benutze Aufopferung, um meine Überlegenheit und meine Unterlegenheit zu beweisen, weil ich mich vor Erfolg und Nähe fürchte. Aufopferung ist eine Kompensation für Gefühle der Unwürdigkeit und der Unzulänglichkeit. Aufopferung ist eine Ausrede, um mich nicht rückhaltlos hinzugeben. Ich benutze sie, um mich unentbehrlich zu machen. Ich benutze sie, um die Kontrolle zu gewinnen. Wenn ich so beschäftigt bin und in Arbeit förmlich ersticke, kann niemand mir eine Arbeit aufbürden, für die ich mich nicht selbst entschieden habe. Ich benutze Aufopferung als eine Form von emotionaler Erpressung. Ich benutze Aufopferung, um Liebe und Aufmerksamkeit zu bekommen. Ich benutze Aufopferung als Abwehrstrategie, um meine Angst vor Nähe und meine Angst vor Erfolg zu schützen. Sie ist meine Ausrede dafür, keine Führungsstärke zeigen oder nicht weitergehen und höhere Bewusstseinsstufen erreichen zu müssen, weil ich Angst davor habe, mich dann in noch stärkerem Maße aufopfern zu müssen. Sie ist mein Versprechen an das Ego, den mit ihm geschlossenen Vertrag einzuhalten. Ich benutze sie in meinem Kampf gegen den Himmel.

Niemand kann dich dazu zwingen, dich aufzuopfern. Es gibt einen besseren Weg. Du hast verborgene Motive dafür, dich aufzuopfern, die dich jedoch daran hindern, Liebe und Vergnügen zu erfahren. Du hast dich in Bezug auf dein Leben selbst getäuscht. Du lebst nur nach Rollen, Pflichten und Regeln, statt dich selbst rückhaltlos hinzugeben. Deine Aufopferung verhindert, dass du ein von Liebe und Leidenschaft erfülltes Leben führen kannst, weil sie sowohl eine Rolle als auch eine Abwehrstrategie ist. Du bringst andere Menschen dazu, dich zu benutzen, weil du dich vor deiner eigenen Größe fürchtest. Die Menschen brauchen dich, wenn du dich für sie aufopferst.

Um deiner Familie wirklich zu helfen, musst du jedoch authentisch sein und darfst keine Rolle spielen, besonders dann nicht, wenn sie dich unnötig belastet. Sei heute glücklich, denn es gibt einen besseren Weg als Aufopferung. Er besteht einfach in der Entscheidung, zu geben, zu empfangen und nach der Wahrheit zu leben.

Lektion 91

Aufopferung und Verbitterung

Aufopferung führt aus unterschiedlichen Gründen zu Verbitterung. Wenn du dich für deinen Partner aufopferst, gleichzeitig aber der unabhängigere Partner von euch beiden bist, dann bist du verbittert, weil du das Gefühl hast, eine große Bürde zu tragen. Du hast sogar das Gefühl, sowohl deinen Partner als auch eure Beziehung allein zu tragen, und das ruft Verbitterung hervor. Als der abhängige Partner glaubst du hingegen, dich aufopfern zu müssen, weil du deinem Partner nicht uneingeschränkt ebenbürtig bist. Du bist verbittert, weil du eine große Last trägst, weil dein Partner unabhängiger ist als du selbst und weil er derjenige ist, der deine Bedürfnisse ***erfüllt***. „Was fällt ihm eigentlich ein, mich so herablassend zu behandeln?" Womöglich bist du auch verbittert, wenn er deine Bedürfnisse ***nicht erfüllt***, weil du der Meinung bist, dass dies als dein Partner seine Aufgabe ist.

Aufopferung führt zum Burnout, und wenn du das Gefühl hast, dass deine Bürde zu groß wird, dann sabotierst du das, was du tust, durch Krankheit, eine Verletzung oder einen Misserfolg, weil du das Gefühl hast, nicht mehr weiter zu können. Wenn du dann krank wirst, dir eine Verletzung zuziehst oder scheiterst, schlüpfst du in eine Opferrolle. Ein

Burnout gibt dir deiner Auffassung nach die Ausrede, die du brauchst, um unabhängig zu werden. Beide Rollen sind Formen der Trennung, auch wenn sie bei der Unabhängigkeit offensichtlicher zutage tritt als bei der Opferrolle. Trotzdem sind das Opfer, der Rebell und der Märtyrer die drei Rollen, die das Ego benutzt, um dich zu kontrollieren und um zu verhindern, dass du dich partnerschaftlich verbindest.

Auf der tiefsten Ebene benutzt du Aufopferung, um zu beweisen, dass du überlegen oder zumindest spirituell weiter fortgeschritten bist als dein Partner. Aufopferung ist von Konkurrenz geprägt, und nur Partnerschaft und die mit ihr einhergehende Ebenbürtigkeit bringen dir Erfolg und Nähe. Aufopferung ist eine Form von Handel. Du opferst dich jetzt auf, damit deine Bedürfnisse später erfüllt werden. Da das nicht immer funktioniert, kommen Gefühle der Verbitterung auf. „Hallo, und was ist mit mir? Jetzt bin ich an der Reihe!" Im Endeffekt will das Ego die Erfüllung seiner Bedürfnisse nicht hinausschieben, wie man aus der Strategie der Aufopferung schließen könnte. Es will angreifen und das, was es will, als sein Privileg nehmen. Das Ego ist verbittert, weil es das, was es will, nicht einfach an sich reißen und nehmen kann. Das Ego ist ein Marodeur und will plündern und brandschatzen, aber die daher rührende Schuld bewirkt, dass du dich aufopferst oder zum Opfer der Aufopferung wirst und dich selbst marterst. Das führt dazu, dass ***du*** ausgeraubt und ausgeplündert wirst, um die Schuld zu tilgen. Sobald du anderen Menschen etwas antust oder den Wunsch danach verspürst, öffnest du dich dafür, dass es dir selbst widerfährt. Diese Dinge sind fast immer verborgen auf der tiefsten Ebene des Egos am Werk.

Aufopferung führt zu Leblosigkeit. Sie entspringt dem Rückzug, der mit dem Verlust deiner Verbundenheit einhergeht. Du ziehst dich zurück, um in dem vom Verlust der Verbundenheit herrührenden Konkurrenzkampf, der zu mangelnder Ebenbürtigkeit führt, nicht zu verlieren. Beziehungen funktionieren auf der Basis von Gegenseitigkeit. Sie bringt Ebenbürtigkeit und Partnerschaft in die Beziehung hinein, erzeugt Mühelosigkeit, Fluss und Nähe und bringt äußeren Erfolg. Dies hat ein Gleichgewicht von Geben und Nehmen zur Folge. Gegenseitigkeit stärkt den Wunsch, anderen Menschen zu helfen, und lässt die Anerkenntnis zu, dass dein Partner unterbewusst und unbewusst sowohl in seinen Gaben als auch in den Herausforderungen, vor die er dich stellt, dein Spiegelbild ist. Dich deinem Partner zu verpflichten bringt Ebenbürtigkeit, Gleichgewicht und einen Geist des Miteinanders, der euch beide gewinnen lässt.

Lektion 92

Deine Selbstgerechtigkeit zeigt, wie sehr du im Unrecht bist

Wenn du selbstgerecht bist, wirst du wütend. Du ärgerst dich darüber, dass jemand etwas falsch macht. Er wird deinen Regeln nicht gerecht, den Regeln, die du aufgestellt hast. Es spielt keine Rolle, dass diese Regeln widersprüchlich oder gar scheinheilig sind. Du hast jetzt keine Zeit, darüber nachzudenken, denn er hat das Gesetz gebrochen, und du bist die Polizei. Deine Selbstgerechtigkeit fußt auf Urteilen, und sowohl Urteile als auch Selbstgerechtigkeit sind eine Kompensation für Schuld. Das Maß deiner Selbstgerechtigkeit entspricht dem Maß, in dem du das Gefühl hast, im Unrecht zu sein. Während du also in Gedanken einen anderen Menschen dafür angreifst, dass er im Unrecht ist, vergibst du eine Chance. Statt selbstgerecht zu sein, könntest du dankbar dafür sein, dass er dir deine eigene verborgene Schuld ins Bewusstsein gerufen hat. Er hat dir geholfen, einen Ort in deinem Geist zu finden, der der Transformation bedarf. Dich von einem dunklen Muster zu befreien ist den „Eintrittspreis" wert, den du dafür bezahlst, und genau aus diesem Grund haben das Tao und dein höheres Bewusstsein diese Situation herbeigeführt.

Dein selbstgerechtes Verhalten gegenüber einem anderen

Menschen zeigt, dass nicht nur er deine Hilfe braucht, sondern auch du selbst. Auch wenn sein Verhalten nicht auf Bedürftigkeit hindeuten mag, ist es an dir, zu erkennen, dass dieses Problem aufgetreten ist, damit du ihm und dir selbst helfen kannst. Wenn du ihm, dir selbst und deinen Gedanken vergibst, die zu einer solchen Erfahrung geführt haben, dann ist euch beiden geholfen. Die Welt spiegelt deine Gedanken wider, und jeder Gedanke ist ein Selbstkonzept. Nutze jede Situation, um Heilung und Glück zu erlangen und alle Selbstkonzepte loszulassen, die zu dieser Situation geführt haben könnten. Vergib immer wieder, bis der betreffende Mensch sich ändert. Das hat zur Folge, dass ihr euch beide unschuldig fühlt und von Frieden erfüllt seid. Wenn du ihn für unschuldig hältst, wirst du deine eigene Unschuld erkennen. Dann seid ihr beide frei.

Lektion 93

Das Ereignis, das dich am tiefsten verletzt hat

Rufe dir das Ereignis in deinem Leben ins Gedächtnis, das dich am tiefsten verletzt hat. Schaue dir nun an, welche Auswirkungen deine Verletztheit auf dich selbst und dein Leben hatte. In welchem Maße hast du dich vom Leben, von dir selbst, Beziehungen, Erfolg oder Gesundheit zurückgezogen? Dein Rückzug hat dich dazu gebracht, dich aufzuopfern. Möglicherweise hast du auch die Tür zu wichtigen Bereichen deines Lebens verschlossen. Möglicherweise hast du sogar wichtige Anteile deiner selbst, deines Erfolges oder der wahren Liebe aufgegeben. Alle diese Dinge lassen Muster des Mangels entstehen. Außerdem halten sie dich in Opfermustern fest, deren Schmerz du zumindest zum Teil nach wie vor in dir trägst. Wenn du ihn vollkommen losgelassen hättest, würden die dunklen Muster aufgelöst. Jeder Herzensbruch und jedes Muster des Herzensbruchs bringt dich dazu, Rache zu üben, und setzt ein Muster der Rache in Gang. Dies verstärkt das Muster der Verletztheit und des Herzensbruchs, denn Rache bedeutet, dass du einen anderen Menschen oder dich selbst angreifst, um dich an ihm zu rächen, und genau das war der Grund, der überhaupt erst zu deiner Verletzung geführt hat.

Was, wenn all dies ein großer Fehler ist, der korrigiert werden kann, damit du selbst, dein Leben und deine Beziehungen erneuert werden können? Der erste Schritt besteht in der Erkenntnis, dass ***du*** alles, was dir widerfährt, ***benutzt***, weil es einen bestimmten Zweck erfüllt. Was erlaubt es dir zu tun? Was brauchst du nicht zu tun? Was willst du beweisen? Wen wolltest du besiegen und ins Unrecht setzen? Dabei kann es sich sogar um jemand anderen als die Person handeln, die dich vermeintlich verletzt hat. Hinzu kommt ein Muster, das bei einem derartigen Ereignis immer am Werk ist und darin besteht, dass du das Ereignis benutzt hast, um dich zu trennen und unabhängig zu werden. Du hast es getan, um die Position deines Egos zu stärken. Bedauerlicherweise ist dein Ego auf Schmerz und Abwehr aufgebaut. Das hat zur Folge, dass du naturgemäß selbstgerecht bist, wenn es um die Selbstkonzepte geht, die dem Aufbau deiner Identität gedient haben. Wenn du bereit bist, diese Rolle der Unabhängigkeit aufzugeben, kannst du gleichzeitig auch die Rollen des Opfers und der Aufopferung loslassen.

Deine Emotionen – auch deine Verletztheit – rühren von dem her, was *du* tust, und von den Fehlern, die *du* machst. Verletztheit rührt daher, dass du eine Situation falsch gedeutet und dich infolgedessen von einem anderen Menschen losgesagt hast. Deine Verletzung wird nicht durch das hervorgerufen, was er tut, sondern durch das, was du tust. Dein Schmerz ist eine Illusion und dient einem bestimmten Zweck. Er liefert dir zum Beispiel eine Ausrede, die es dir ermöglicht, dich gegen deine Gaben zu sperren. Dies tust du, weil du dich davor fürchtest, dein Licht leuchten zu lassen, oder weil du vor deiner Lebensaufgabe und deiner Bestimmung davonläufst in dem Glauben, ihnen nicht gewachsen zu sein. Wenn dein Schmerz ein Missverständnis deinerseits war, dann ist das, was dir deiner Meinung nach widerfahren ist, nicht so geschehen, wie es deiner Meinung nach geschehen ist. Du hast es in Gang gesetzt, um deine Verbundenheit zu zerstören. Dein Schmerz macht das, was der andere getan hat, zu einer Sünde und verbirgt deine eigenen Schuldgefühle, die entstehen, wenn du dich von ihm lossagst. Das Prinzip lautet, dass, wenn es verletzt, du jemanden zurückgewiesen hast, als er deine Hilfe brauchte. Der Schmerz, den du gefühlt hast, war genau der Schmerz, den er in sich getragen und der ihn dazu gebracht hat, sich so zu verhalten, wie er es getan hat. Weil du nicht auf ihn eingegangen bist und ihm nicht geholfen hast, hast du seine Verletzung übernommen. Sobald du erkennst, dass das, was er deiner Meinung nach getan hat, nicht geschehen ist, seid ihr beide frei, und der Gedanke, dass einer von euch beiden schuldig ist, verschwindet. Dein Schmerz schreibt deine Schuld in dir fest. Außerdem macht er eine Anklage gegen einen anderen Menschen zu einem Bestandteil deiner Emotionen oder der Probleme, die du hast. Wenn du die Unrichtigkeit deiner Verurteilung erkennst, ist Vergebung geschehen, und Schuld und Schuldzuweisung werden losgelassen, sodass Freiheit an ihre Stelle treten kann.

Lektion 94

Starrsinn verbirgt Angst

Ein starrsinniger Mensch in deiner Umgebung spiegelt deinen verborgenen Starrsinn wider, den du verurteilt und dann nach außen projiziert hast. Gefühle der Frustration und der Hilflosigkeit angesichts des Starrsinns anderer Menschen spiegeln einen Anteil deines eigenen Bewusstseins wider, dem deiner Meinung nach nicht mehr zu helfen ist. Ein starrsinniger Mensch kann aufsässig, verstockt, unzugänglich oder ganz einfach stur sein, aber unter dieser falschen Einstellung, die der Wurzel eines chronischen Problems gleichen kann, verbirgt sich Angst. Es ist eine Angst vor Veränderung, eine Angst davor, mit dem nächsten Schritt nicht umgehen zu können, was dazu führt, dass er auf seinem Standpunkt beharrt. Er trägt eine Anhaftung oder einen Götzen in sich, den loszulassen er sich fürchtet, und dies setzt seinen Autoritätskonflikt in Gang, der bis hinauf zu Gott reicht. Er glaubt, Gott wolle versuchen, ihm ein „Bonbon" fortzunehmen, dessen Verlust in ihm ein Gefühl der Beraubung auslösen würde. Gott bietet jedoch den Himmel selbst an, und dieses Angebot ist nicht davon abhängig, wie annehmbar jemand zu sein glaubt. Im Himmel erfährst du dich so, wie du geschaffen wurdest: heil und vollkommen in grenzenloser Freude. Wenn du also mit Liebe und Mitgefühl auf das starrsinnige Verhalten eines anderen Menschen eingehst, kannst du die Angst auflösen, die seinen Starrsinn antreibt. Wenn du dem Menschen hilfst, der den Starrsinn ausagiert, bei dem es sich in Wirklichkeit um seine Angst handelt, die sowohl Ganzheit und Ernte blockiert, dann öffnest du dich selbst in gleichem Maße. Die Ernte ist mühelos für denjenigen zu haben, der bittet, weil das Bitten dich dafür öffnet, sie zu empfangen. Schaue also nach innen und in den Spiegel, den deine Welt für dich darstellt, und erkenne die verborgene Angst, die durch Liebe geheilt werden könnte. Du kannst die verborgenen Muster heilen, die dich gesteuert haben. Dadurch, dass du diesen Bereich deines Bewusstseins mit Liebe erfüllst, wirst du dort wieder neu verbunden, wo du ein verwundetes Selbst in dir getragen hast, das durch deinen Starrsinn zugedeckt war, und es hilft dir, ein chronisches Problem zu überschreiten. Wenn du Starrsinn in deiner Welt siehst, dann erkenne, dass du ihn ebenfalls in dir trägst, und bringe dem betreffenden Menschen und dir selbst Liebe und Mitgefühl entgegen.

Lektion 95

Die Erfindung deiner selbst

Jeder Mensch sehnt sich nach einer Identität und nach Anerkennung für die Identität, die er erschaffen hat. Der, der du zu sein glaubst, wurde nicht zufällig erschaffen. Du hast dich mit Absicht erschaffen. Es ist amüsant, dass du glaubst, das Werk Gottes verbessern zu können. Dennoch gibt es niemanden, der nicht versucht hat, sich eine Identität in einer Welt zu geben, die vom Himmel und von seinem Einssein getrennt ist. Du hast es getan, um Besonderheit zu erlangen und Gott deiner eigenen Welt zu sein. Wenn du dich in der Welt umsiehst, kannst du erkennen, dass dieser Plan nicht wirklich aufgegangen ist. Der Weg der Trennung, den du eingeschlagen hast, um dir einen Namen und eine Identität zu geben, hat dich schließlich dazu gebracht, dich mit deinem Körper zu identifizieren und ihn als eine mächtige Festung zu betrachten, die dir allein gehört. Die Welt wurde in deinem Ebenbild erschaffen. Sie ist ein riesiger Spiegel deiner Selbstkonzepte und in der Trennung ebenso in Gegensätzen gefangen wie dein eigenes Bewusstsein mit seinem Mangel an Einheit. Der Weg, dem die Seele in der Trennung gefolgt ist, entspricht dem Weg des Schmerzes, den dein Leben seit deiner Empfängnis eingeschlagen hat. Mit jeder Trennung hast du Schmerz erfahren. Dein Name und wer du zu sein glaubst stehen in diesem Schmerz geschrieben. Dabei handelt es sich nicht um schmerzerfüllte Ereignisse, die dir rein zufällig in der Kindheit oder aufgrund der Vernachlässigung durch deine Eltern widerfahren sind. Sie wurden geplant. Du hast dich dafür entschieden, dich dem Ego zu verschreiben und dich auf seine Seite zu stellen. Du hättest eine andere Entscheidung treffen können. Das Ego will sich herabsetzen oder überhöhen, indem es dich dazu bringt, durch Trennung in es zu investieren.

Frage dich, wie sehr – in Prozent ausgedrückt – du dich herabgesetzt hast, um klein zu bleiben, und wie sehr du dich gleichzeitig aufblähst. Ein aufgeblähtes Selbst führt zu aufgeblähten Träumen, und es braucht nur einen winzigen Piks, um deinen Ballon zum Platzen zu bringen. Wenn du dich hingegen klein machst und dich vor deiner wahren Größe fürchtest, dann grollst du allen Menschen, die vermeintlich mehr haben oder mehr sind als du selbst.

Du baust deine Identität auf dem Skelett deiner Kindheit auf. Deine Verluste und dein Schmerz zeugen davon, dass du deine Verbundenheit zerstört und dich getrennt hast, um dir einen Namen zu geben. Du trägst dieses Muster entweder dein Leben lang in dir, leidest, während du versuchst, dir selbst einen Namen zu geben, und gegen die ungezählten kleinen Kränkungen kämpfst, die dir zugefügt werden, oder du erkennst irgendwann, dass du in die falsche Richtung gegangen und in einer Sackgasse gelandet bist. An diesem Punkt erkennst du auch, dass es an der Zeit ist, dein Ego zu demontieren, indem du an deiner Heilung arbeitest. Du hast dich für die Wahrheit entschieden und bist nicht mehr bereit, dich selbst und andere Menschen zu täuschen. Du hast dich für die Freiheit und gegen die Grenzen entschieden, die du dir mit deinen Selbstkonzepten auferlegt hast. Sie bilden deine Glaubenssysteme, durch die du deine Welt wahrnimmst. Wenn du die Welt heilst, heilst du daher dich selbst. Wenn du vergibst, löst du die Schuld auf, die deine Welt wie ein Sekundenkleber in der Erstarrung festhält, in der sie sich befindet. Vergebung und Selbstvergebung lassen die Illusion der Welt und die Illusion des Egos schmelzen. Du kannst das Ego durch Liebe, Vergebung und die Gaben auflösen, die sich unter deinem Schmerz und deinen Selbstkonzepten verbergen. Auf diese Weise kehrst du in den Zustand zurück, in dem du als Liebe, Unschuld und Freiheit geschaffen wurdest. Du erkennst allmählich, dass du nicht dein Körper bist, und in dem Maße, in dem du dies erkennst, wirst du freier und kannst Grenzen überschreiten. In dem Maße, in dem du das Licht in dir erkennst, erkennst du auch das Licht in anderen Menschen und in der Welt. In dem Maße, in dem du das Licht in einem anderen Menschen erkennst, findest du Christus in jedem Menschen.

Schaue auf die Welt. Sie ist ein Spiegel. Erkenne deine Fehler. Vergib ihnen und erfahre den Frieden, in dem du erschaffen wurdest.

Wenn du der Welt vergibst, stellst du die Verbundenheit mit ihr wieder her. Du erneuerst die Einheit und löst deine verborgene falsche Geisteshaltung und deinen Widerstand auf. Wenn dein Leben nicht von Liebe und Freude erfüllt war, dann war die Geschichte deines Lebens eine Lüge. Du bist hier, um die Fehler zu berichtigen, die du gemacht hast und die dich auf einen Kurs gebracht haben, der dich vom Licht, von deinem wahren Selbst und vom Himmel entfernt. Es ist an der Zeit, wahrheitsgemäß zu leben. Es ist an der Zeit zu erkennen, dass du selbst über deine Wahrnehmung entscheidest. Das lässt dich sehen, dass dein Schmerz eine falsche Entscheidung war, die du getroffen hast, um andere Menschen zu Unrecht der Vergehen beschuldigen zu können, die du selbst begangen zu haben glaubtest, aber vor dir selbst verborgen hast. Es ist an der Zeit, dein wahres Selbst erkennen zu wollen, weil es noch immer im Himmel ist und die überwältigende Freude des Einsseins genießt. Einssein kann nicht in getrennte Selbste gespalten werden. Du konntest nur träumen, dass dies geschehen konnte. Deine Identität ist ein Traum, der zu einem Alptraum der Trennung geworden ist. Nun ist die Zeit gekommen, die Liebe zu genießen, die dich nach Hause zu deinem wahren Selbst zurückbringt, und die Heilung, die den Groll auflöst, mit dem die Schuld die Welt verdunkelt hat. Du bist nicht dein Körper, und du bist nicht dein Ego. Deine wahre Wirklichkeit ist vollkommen anders. Du wirst sie erkennen, weil diese Erkenntnis mit der Erfahrung tiefer Liebe und Freude einhergeht.

Lektion 96

Dein Ego ist eine mächtige Festung

Weil das Ego urteilt und angreift, glaubst du, dass du im Gegenzug ebenfalls angegriffen wirst, und fürchtest dich. Dein Ego rät dir, sowohl andere Menschen als auch dich selbst anzugreifen, um zu verhindern, dass du angegriffen wirst, aber das ist natürlich trügerisch, weil allgemein bekannt ist, dass du erntest, was du säst. Dementsprechend baut das Ego seine Position zu einer Festung aus, um sich zu schützen, und es tut dies sehr gerne auf Kosten deines Lebens. Es kann so schwerfällig werden, dass du kaum eine Chance hast, dich weiterzuentwickeln und zu wachsen, denn dadurch, dass es andere Menschen ausschließt, hat es dich eingeschlossen.

Das Ego hat fast alle Abwehrstrategien des höheren Bewusstseins für sich beansprucht, und es gelingt nur sehr selten, ihnen ihre ursprüngliche Funktion wiederzugeben, die darin liegt, dich vor Schmerz und Illusion zu bewahren. Das Ego benutzt Schmerz und Illusion, Angst und Schuld, Konkurrenz und Trennung, um seine eigene Macht zu vergrößern. Es will Kontrolle, damit es seinen Willen durchsetzen kann. Es ist sowohl bedürftig als auch dissoziiert, opfert sich auf und ist Opfer. Es wird von Rollen, Forderungen und Regeln beherrscht, die oftmals widersprüchlich sind, sodass kaum Raum für dich bleibt. Es leistet Widerstand, ist starrsinnig und hat eine falsche Geisteshaltung. Es ist rebellisch, widerborstig und konfliktbeladen. Es bevorzugt Beherrschung oder Unterwerfung anstelle von Herrschaft und Ebenbürtigkeit. Es gedeiht durch Kampf und Krieg und versucht, dir zu beweisen, dass es unentbehrlich ist. Es hat seine eigenen Ziele, zu denen weder dein Glück noch deine Freude oder deine Liebenswürdigkeit gehören. Es will einfach nur seine eigene Macht vergrößern. In Wahrheit hasst es dich und plant sogar jetzt in diesem Moment deinen Niedergang. Und ihm hast du treue Gefolgschaft geschworen? Tatsächlich?! Es wäre vielleicht ratsam, noch einmal darüber nachzudenken und zu erkennen, dass du nicht dein Ego bist, sondern ein Ego hast. Du bist nicht dein Körper, wie dein Ego dich glauben machen will, um dich zu kontrollieren. Du hast lediglich einen Körper, der dir als Werkzeug für dein persönliches Wachstum dient. Du bist ewiger Geist, und deine Aufgabe als Seele hier auf der Erde besteht darin, zu erkennen, dass du reiner Geist bist, der von Licht und Liebe erfüllt ist.

Manchmal deckst du deine Abwehrstrategien mit neuen Abwehrstrategien zu, und aus Schuld und Scham über das, was du tust, kompensierst du und lässt es so aussehen, als würdest du die richtigen Dinge tun, was aber weder wahr ist noch dich glücklich macht. Kompensationen lassen nicht zu, dass du empfängst, weil sie eine Abwehrstrategie sind. Sie machen einen guten Eindruck, sind aber nicht authentische Rollen, die das Richtige aus dem falschen Grund tun. Je mehr Abwehrstrategien du hast, umso weniger sorgenfrei bist du und umso mühevoller wird dein Leben. Bei den zahllosen Rollen und Pflichten, die du erfüllst und von denen das Ego dich überzeugt hat, dass sie deine Verantwortung sind, handelt es sich in Wirklichkeit um die schwerfällige Leblosigkeit der Aufopferung, die das Ego benutzt, um dich davon zu überzeugen, den nächsten Schritt nicht zu gehen. Das Ego erklärt dir immer wieder, dass du dir nicht noch mehr auf die Schultern laden kannst, als es ohnehin schon der Fall ist. Du gleichst einem Einsiedlerkrebs und trägst eine Festung auf dem Rücken. Das Ego verbraucht Energie in seinem Streben nach Selbsterhaltung, die du anderenfalls einfach in dein Wohlbefinden investieren würdest. Es versucht, Mühelosigkeit und Fluss zu unterbrechen und durch Schwierigkeiten und Besonderheit zu ersetzen. Wenn du das neunzehnte Lebensjahr vollendet hast, brauchst du dein Ego nicht mehr, um in dieser Welt zurechtzukommen, aber statt auf seine Position zu verzichten und dir dein Leben zurückzugeben, sichert es seinen Fortbestand um jeden Preis.

Nun ist es an der Zeit, dein Ego zu demontieren und durch Liebe, Vertrauen und Freude zu ersetzen. Wenn du dich von deinen Abwehrstrategien befreist, wird die Welt zu einem freundlicheren Ort. Ganz gleich, wie wehrhaft du auch sein magst, erfüllen deine Abwehrstrategien dein Herz mit Furcht. Eine Zeile in *Ein Kurs in Wundern* lautet: „In meiner Wehrlosigkeit liegt meine Sicherheit." Das Gesetz der Anziehung bewirkt, dass das, was du abwehrst – meist alter Schmerz, auf dem das Ego seine Selbstkonzepte aufgebaut hat –, noch größeren Schmerz verursacht. Schmerz zieht Schmerz an. Das Ego benutzt ihn, um seine Macht zu vergrößern, während das höhere Bewusstsein ihn benutzen würde, um dafür zu sorgen, dass du dir seiner bewusst wirst und ihn heilst. Wenn dich ein Schmerz trifft, solltest du also dankbar sein, dass dir gezeigt wurde, wo er sich verborgen hat, damit du ihn heilen und ein höheres Maß an Ganzheit erlangen kannst. Es ist an der Zeit, dich des Panzers zu entledigen, den du benutzt hast, um dich zu schützen, denn er steht dem Leben und der Liebe im Weg.

Lektion 97

Wenn du einen Groll hegst

Wenn du einen Groll hegst, kommt der Fluss zum Stillstand und dein Geist verschließt sich, weil du urteilst. Du glaubst, die Antwort zu haben, nach der du gesucht hast, und du weißt, dass du Recht hast. Es besteht keine Notwendigkeit, weiter darüber nachzudenken. Dein Verstand greift einen anderen Menschen an, weil er dir Lügen erzählt und dich blendet. Du kannst nicht sehen, dass es noch eine völlig andere Ebene gibt, auf der niemanden eine Schuld trifft. Stattdessen verteidigst du dein Ego und glaubst, dass ein selbstgesetztes Ziel, das dich retten sollte, durchkreuzt wurde. Darin verbirgst du Schuld. Es ist einerseits die Schuld, für die du dich selbst bestrafst, indem du dieses Ereignis als Ausrede benutzt, um dich zu trennen. Eine weitere Schicht der Schuld hat damit zu tun, dass du dein Versprechen nicht eingehalten hast, dem betreffenden Menschen zu helfen oder ihn sogar vor sich selbst zu retten. Damit hast du dich von deiner Lebensaufgabe abgewandt und dich für Illusionen anstelle von Gaben entschieden. Du fürchtest dich vor dem nächsten Schritt in deinem Leben. Du fürchtest dich vor Nähe und Erfolg. Derjenige, gegen den du einen Groll hegst, hat dir eine bequeme Ausrede geliefert. Niemand würde von dir erwarten, den nächsten

Schritt zu gehen oder deine Lebensaufgabe zu erfüllen, weil du alle anderen Menschen und dich selbst davon überzeugt hast, dass **er dich zum Opfer gemacht hat**. Groll verbirgt deine Schuld und beruht auf dem Urteil des Egos statt auf der Urteilskraft des höheren Bewusstseins, das dir einen Weg gezeigt hätte, der Erfolg für alle an der Situation beteiligten Menschen ermöglicht hätte.

Groll gegen einen anderen Menschen liegt an der Wurzel jedes Problems, das du hast. Groll wirkt zerstörerisch auf andere Menschen und auf dich selbst. Er verdunkelt deine Wahrnehmung und liefert den Beweis für jeden beliebigen Punkt, mit dem du dein Glaubenssystem stärken willst. In Wahrheit benutzt du die Situation jedoch als Ausrede, und deine falsche Wahrnehmung macht andere Menschen für die Schuld verantwortlich, die du in dir trägst.

Es ist an der Zeit, deine falsche Wahrnehmung auf den Prüfstand zu stellen und loszulassen. Überall dort, wo du einen Groll hegst, ist deine Wahrnehmung falsch. Bitte deshalb um die Wahrheit, damit dir der Weg gezeigt wird, der dich von deinem Schmerz, deiner Schuld und deinem Urteil befreit. Alle diese Dinge blockieren Frieden und Freude. Gewinne dein Leben zurück! Lebe keine Lüge, in der du andere Menschen und dich selbst angreifst, um die Position deines Egos zu stärken. Du hast etwas Besseres verdient. Bitte um die Wahrheit, bis nicht nur du selbst unschuldig bist, sondern auch alle anderen an der Situation beteiligten Menschen unschuldig sind. Dann weißt du, dass das Licht gekommen ist und du befreit wurdest, und infolgedessen gewinnst du ein höheres Maß an Fluss und Glück zurück.

Wolle die Wahrheit von ganzem Herzen! Wiederhole folgenden Satz aus *Ein Kurs in Wundern*: „Die Wahrheit wird alle Irrtümer in meinem Geist berichtigen." Lasse zu, dass die Wahrheit die Geschichte deines Lebens in eine Geschichte der Schönheit und der Macht verwandelt. Lasse nicht zu, dass das Ego dich um den Frieden betrügt, den du verdient hast, denn Liebe, Glück, Gesundheit und Fülle rühren von Frieden her. Groll steuert auf Verdammung und den Tod zu, während die Wahrheit dich zum Leben und zu einem immer höheren Maß an Unschuld führt.

Lektion 98

Die Gedanken, die dich angreifen

Jeder Zweifel, jede Sorge, jede Emotion, jedes Problem und jeder angstvolle Gedanke, den du hast, greift dich an.

„Ich habe keine neutralen Gedanken."

Ein Kurs in Wundern, Lektion 16

Alle Emotionen und angstvollen Gedanken, die du hast, rühren von Urteilen her, und die Angriffsgedanken, die von deinen Urteilen herrühren, greifen auch dich selbst an. Wenn du erkennen würdest, dass jede Wahrnehmung, die du hast, von Gedanken herrührt, dann wärest du vielleicht vorsichtiger mit dem, was du denkst, und auch mit dem, was du siehst, weil es ein Spiegel deiner Gedanken ist. Einen negativen Gedanken erkennst du daran, dass du etwas anderes als Frieden und die mit ihm einhergehende Freude verspürst. Dann weißt du, dass du einen negativen Gedanken gedacht hast.

Wachsamkeit und die Verpflichtung zur Wachsamkeit sind notwendig, um glücklich und erfolgreich zu sein. Sobald du dich bei einem negativen Gedanken über jemanden oder etwas ertappst, erkenne, dass die Emotion oder das Problem ein Angstgedanke ist, der dich angreift, während du ihn denkst. Entscheide dich dann dafür, dich nicht anzugreifen. „Ich will mich nicht auf diese Weise angreifen …, statt diese Gedanken zu denken, könnte ich glücklich sein." Dies ist eine der wichtigsten Lektionen aus *Ein Kurs in Wundern*, und sie hat mir in hohem Maße geholfen, sowohl ausgeglichen als auch glücklich zu bleiben.

Lektion 99

Emotionen und das Ego

Alle deine Emotionen sind ein Zeichen dafür, dass du für dein Ego arbeitest. Du hast die Wahl, entweder auf dein Ego oder auf dein höheres Bewusstsein zu hören. Wenn du auf das Ego hörst, ist Schmerz die Folge, und es zeigt, dass du es schätzt, in dein Ego zu investieren. All das entspricht dem Plan des Egos, das dich dazu bringen will, ihm lebenslang Unterstützung zu gewähren. Du kannst jedoch jederzeit aufhören, der Sklave deines Egos zu sein, und dich stattdessen dem Plan des Himmels verschreiben, weil er allein wahr ist und weil er allein dir Glück und Erfolg bringen kann. Dem Ego die Gefolgschaft aufzukündigen bringt Verstehen und Vergebung. Der Himmel hilft dir, eine Lösung zu finden, die nicht nur in der jetzigen Situation, sondern für alle Zeit, und nicht nur für dich, sondern für alle Menschen hilfreich ist.

Wenn eine Emotion in dir hochkommt, kannst du um die Wahrheit bitten. Du kannst an ihrer Stelle um den Plan des Himmels bitten. Der Plan des Himmels kennt keinen Groll und sieht vor, dass alle Menschen unschuldig sind. Der Plan des Himmels stärkt nicht die Macht deines Egos, sondern lässt Liebe und Freude wachsen. Entscheide dich immer wieder neu für den Plan Gottes, damit nicht nur dein Leben, sondern auch das Leben der Menschen in deiner Umgebung sich in Liebe und Frieden entwickeln kann.

Lektion 100

Die beliebten alten Herzensbrüche

In jedem neuen Entwicklungsstadium, das du erreichst, kehrst du zu einem einmal erlittenen Herzensbruch zurück, um ihn erneut zu heilen. Manchmal gilt es einen völlig neuen Blickwinkel zu heilen. Manchmal ist es auch nur eine neue Schicht des alten Schmerzes, die sich aufgetan hat. Das bedeutet nicht, dass du Rückschritte machst oder dass du diesen Schmerz niemals vergeben oder geheilt hast. Es bedeutet schlicht, dass du nun auf eine neue Ebene gelangt bist und dass der alte Herzensbruch nochmals zur Heilung ansteht. Geschieht dies nicht, dann bleibt die Schicht als Trennung zwischen dir und allen Menschen, die du liebst, bestehen. Dein Herzensbruch und die Rache, die mit ihm einhergeht, werden zu einem Teufelskreis. Außerdem empfindest du Hass gegenüber dem Menschen, der sich deinem Willen widersetzt und deine Bedürfnisse nicht erfüllt hat. Unter diesem Hass liegt auch Selbsthass verborgen. Daraus entsteht ein Teufelskreis aus Herzensbruch, Rache, Hass und Selbsthass. Es ist von entscheidender Bedeutung, ihn auf jeder neuen Entwicklungsstufe wieder neu zu klären, weil er sich negativ auf deine Beziehungen, deinen Erfolg, deine Gesundheit und auf die allgemeine Leichtigkeit in deinem Leben auswirkt. Fast immer sind Heilung und Vergebung auf einer neuen Ebene erforderlich, wenn eine neue Schicht eines alten Themas in dir hochkommt. Der alte Groll verdunkelt dein inneres Licht und lähmt deine Fähigkeit, zu geben und zu empfangen. Es ist an der Zeit, ihn loszulassen, weil er aus altem Angriff und Selbstangriff besteht. Mache den folgenden Satz zu deinem Mantra:

„Mein gegenwärtiges Glück ist alles,
was ich sehe."
EIN KURS IN WUNDERN, LEKTION 290

Nachwort

Das Ziel emotionaler Reife liegt einzig und allein im Erfolg, im persönlichen Fortschritt und in der Nähe, die sie mit sich bringt. Emotionale Reife ersetzt die Negativität, die deinem Erfolg im Weg gestanden hat. Außerdem beseitigt sie die Mauern des Egos mit ihrem Schmerz und ihrem Groll, sodass Liebe vollkommen natürlich wird. Immer dann, wenn du heilst, statt einfach zu reagieren, gelangst du voran. Ein hohes Maß an Führungsstärke rührt von einem gleich hohen Maß an emotionaler Reife und Ausstrahlungskraft her. Das erlaubt dir, auf die Hilferufe einzugehen, ohne in dieser Zeit zu schwelgen.

Jede Heilung, die durch emotionale Reife bewirkt wird, ist ein Ort, an dem du dich auf natürliche Weise weiterentwickelst. Wenn persönliches Wachstum dir wichtig ist, dann ist dies also der Weg, den du einschlagen solltest. Ich kenne manche Menschen, die auf dem spirituellen Weg recht weit fortgeschritten sind, emotionale Reife aber dennoch nicht zu einem vorrangigen Ziel gemacht haben. Bei ihnen ist alles in Ordnung, bis jemand oder etwas „ihren Knopf drückt". Dann ist ihr Verhalten ebenso reaktiv wie das aller anderen Menschen. Dies geschieht zwar weitaus seltener, aber wenn es geschieht, ist ihr Maß an Selbstgerechtigkeit und Leugnung ebenso hoch wie das aller anderen Menschen. Sie arbeiten zwar vorgeblich für den Himmel auf Erden, aber dies bleibt mehr Lippenbekenntnis als Realität, bis sie ein

Teil der Lösung werden. Dich selbst mit Hilfe der Prinzipien emotionaler Reife zu heilen hilft dir, immer menschlicher zu werden. Wenn du deine Menschlichkeit voll verwirklicht hast, entwickelst du dich in zunehmendem Maße in deine Göttlichkeit hinein.

Wenn du in deiner Heilung und deiner emotionalen Reife in wirklich großen Schritten vorankommen willst, übernimm die Verantwortung für die emotionale Reife aller Menschen in deiner Umgebung. So kannst du tiefere Aspekte deines Unterbewusstseins und Unbewussten erschließen. Die Welt ist dein Spiegel, und durch sie kannst du vergrabene Aspekte deiner eigenen Selbstkonzepte erkennen und heilen. Der Himmel stärkt dir den Rücken. Bitte um seine Hilfe. Er will, dass du emotionale Reife erlangst, weil alles, was du heilst, durch eine Seelengabe und eine Gabe des Himmels ersetzt wird. Beim Himmel dreht sich alles um Gaben, bis du schließlich ein ausreichend hohes Maß an Heilung erlangst hast, um die göttliche Präsenz zu erfahren.

Mögen dieses Buch und die darin enthaltenen Prinzipien ein unbeschwerter Schritt auf deinem Weg hin zum Himmel auf Erden sein.

Weitere Titel aus dem Verlag Via Nova:

Emotionale Reife

Die Heilung der Gefühlswelt

Chuck Spezzano

Hardcover, 200 Seiten,
ISBN 978-3-86616-280-8

2. Auflage

Fortsetzung des Bestsellers „Wenn es verletzt, ist es keine Liebe" auf der Ebene der Emotionen

Chuck Spezzanos internationaler Bestseller „Wenn es verletzt, ist es keine Liebe" inspirierte bis heute unzählige Menschen weltweit. Nach fast 20 Jahren präsentiert der berühmte Weisheitslehrer nun den ersten Teil der Fortsetzung seines erfolgreichen Meisterwerks, in das der reiche Erfahrungsschatz seiner Arbeit mit Menschen auf Seminaren und Trainings in der ganzen Welt einfließt. Den Leser erwartet wieder ein Feuerwerk an Inspirationen und Weisheiten, aufgeteilt in praktische, in sich abgeschlossene Lektionen, die mitten im Leben abholen und auf den Pfad der emotionalen Reife führen. Ein Handbuch des Herzens – stets überraschend, humorvoll, tiefgründig und voller Liebe, weist es den Weg zu lebendigem Glück, erfüllenden Beziehungen und innerem Wachstum.

Die Heilkraft der Seele

Heilung auf allen Ebenen des Lebens

Chuck Spezzano

Hardcover, 248 Seiten, ISBN 978-3-86616-330-0

Ist es nicht Zeit für eine allumfassende Heilung, Heilung für Seele, Geist und Herz, Heilung der Wunden und Traumata unserer Vergangenheit, die uns den Blick verstellen für das klare Licht der Bewusstheit und Präsenz? Ist nicht jetzt die Zeit, uns zurückzuverbinden mit unserer wahren Natur, dem All-Einssein und der stets vorhandenen allumfassenden Liebe? Mit unerschöpflicher Herzensweisheit, wie sie nur wenigen Menschheitslehrern der Gegenwart eigen ist, lässt uns der unermüdlich wirkende Chuck Spezzano an dem nicht endenden Fluss seiner berührenden und klaren Erkenntnisse und Einsichten teilhaben. Botschaften, die wie destillierte Heilessenzen wirken, geschöpft aus der universellen Quelle des Seins, können auf dem Pfad zu unserem wahren göttlichen Selbst zu wertvollen Wegweisern der Heilung werden.

Glückliche Partnerschaft

Beziehungen in einer neuen Dimension

Chuck Spezzano

Hardcover, 272 Seiten, ISBN 978-3-86616-357-7

Es ist und bleibt Chuck Spezzanos große spirituelle Mission, uns immer wieder neu und immer wieder überraschend an das Essenzielle zu erinnern, zugleich unsere Augen und Herzen zu öffnen, für das Göttliche in uns selbst und unseren Beziehungen. Ja, unser Traum von einer wirklich glücklichen, erfüllenden Partnerschaft kann wahr werden. Das ist die Botschaft dieses Buches. Möglich, dass wir uns von blendenden Illusionen verabschieden müssen, dafür aber schaffen wir neuen Raum, um das Göttliche in unserem Leben und in unserer Partnerschaft zu begrüßen. Wie wir das Heilige und Heilende in unseren alltäglichen Beziehungen jeden Tag neu entdecken und leben können, zeigt uns dieses Meisterwerk der Liebe. Ein beglückender Wegweiser für goldene Zeiten im Miteinander!

Endlich leben – statt gelebt zu werden

Chuck Spezzano

Klappenbroschur, 224 Seiten, ISBN 978-3-86616-469-7
E-Book: ISBN 978-3-86616-497-0

Dieses Buch ist deshalb so außergewöhnlich, weil es aus moderner spiritueller Sicht systematisch die wahren Ursachen ergründet für das, was wir Menschen als unser größtes Unglück erfahren. Doch damit nicht genug. Es zeigt auch für jeden nachvollziehbar auf, dass es nur an uns liegt, in unserem Leben wahrhaftiges Glück zu erlangen. Was für eine Botschaft! Lernen Sie zu erkennen, dass alles, wonach Sie sich sehnen, in Ihrem Leben schon vorhanden ist und dass Sie durch vollkommene Selbstverantwortung und Neuausrichtung Ihrer Wahrnehmung tiefste Heilung und wahre Freiheit erreichen können. Dies ist eine absolut empfehlenswerte Lektüre für jeden wirklich Suchenden – die essenziellen Erkenntnisse aus 45 Jahren Praxis, Lehrtätigkeit und Lebenserfahrung des weltbekannten Weisheitslehrers und Bestsellerautors Chuck Spezzano.

Willst Du Recht haben oder glücklich sein

So gelingt eine harmonische Partnerschaft

Chuck Spezzano

Klappenbroschur, 304 Seiten, ISBN 978-3-86616-449-9
E-Book: ISBN 978-3-86616-492-5

Nirgendwo sonst können wir uns intensiver erfahren und erkennen als in unseren Partnerschaften. Das größte Geschenk, das wir uns dabei machen können, ist es, überall wo Schwierigkeiten, Schmerz oder Kampf bestehen, unsere Projektionen zu entlarven und Bewusstheit hinzubringen. Der international bekannte Therapeut und Coach Chuck Spezzano widmet sich in diesem Buch dem Thema der glücklichen Partnerschaft mit all seiner Leidenschaft, seinem tiefen Wissen und seiner inzwischen über 45-jährigen therapeutischen Erfahrung. Sein großes Herzensanliegen ist es, uns zu vermitteln, wie Beziehungen zu einem „Pfad des Aufstiegs in Liebe, Integrität, Ganzheit und Freude" werden können. Das profunde Meisterwerk bringt uns diesem wunderbaren Ziel ein wesentliches Stück näher.

WHY SHIT HAPPENS

Warum guten Menschen schlimme Dinge zustoßen

Chuck Spezzano

2. Auflage

Taschenbuch, 320 Seiten, ISBN 978-3-86616-513-7
E-Book: ISBN 978-3-86616-493-2

Ganz gleich, was uns im Leben begegnet, welche Hürden sich in unserem persönlichen Entwicklungsprozess, in unseren Beziehungen oder unserem Beruf zeigen – es gibt nur einen Weg, der wirklich heilt, und er heißt: vollständige Selbstverantwortung. Welche Prinzipien und Dynamiken im menschlichen Bewusstsein dabei wirken und wie wir lernen, die Rolle der Selbstverantwortung in ihrer ganzen Dimension zu verstehen und unmittelbar anzuwenden, das erfahren wir in diesem Buch in einzigartiger Klarheit. „Nach 45 Jahren therapeutischer und beratender Tätigkeit fühlte ich mich jetzt erst bereit, dieses Buch zu schreiben", sagt der international bekannte Weisheitslehrer Chuck Spezzano und gibt uns damit einen Begriff von der fundamentalen Bedeutung des Themas für Bewusstwerdung und Transformation.

Karten der Sexualität

Liebe und Zärtlichkeit
Illustrationen von Petra Kühne
Chuck Spezzano

100 farbige Karten mit Begleitbuch (Paperback),
304 Seiten, ISBN 978-3-86616-375-1

Sexualität ist eine der wohl kraftvollsten menschlichen Energien überhaupt. So vielfältig und individuell die Erfahrungsräume dabei sein mögen, in der Essenz zeigt sich doch immer die Sehnsucht nach Liebe und nach dem Einssein mit dem Göttlichen. Das Kartenset von Chuck Spezzano mit ausführlichem Begleitbuch konfrontiert uns in unverstellter Ehrlichkeit und zugleich lebendiger Weisheit mit den facettenreichen Aspekten und Seiten des Themas. Der Autor lässt uns innehalten, nachspüren und vergegenwärtigen. Er ermuntert uns, Hindernisse für die Liebe zu überwinden, egoistisches Verhalten zu durchschauen und ungesunde Muster aufzulösen, und führt uns so zu mehr Nähe, Verbindung und Zärtlichkeit. Die exzellenten und künstlerisch hochwertigen Illustrationen von Petra Kühne unterstreichen die tiefgründigen Erkenntnisse des international bekannten Lebenslehrers.

Brücken zwischen Himmel und Erde

Meditationen, Gedichte, Geschichten, Fotos, Bilder
Aufgeschrieben und gestaltet von
Chuck, Lency, Christopher und
J'aime Spezzano

Hardcover, vierfarbig, 192 Seiten, über 100 Fotos
und Bilder, ISBN 978-3-86616-128-3

Brücken zwischen Himmel und Erde ist ein Buch, das von einer Familie geschaffen wurde. Es enthält Fotos von Sohn Christopher (der auch für das Layout verantwortlich ist), Gemälde von Tochter J'aime, inspirierende Kurzgeschichten von Mutter Lency und poetische Texte von Vater Chuck Spezzano, die das Herz öffnen. Die Fotos zeigen die Schönheit und Vielfalt der Erde und die Gemälde berühren und öffnen für die Schönheit der Kunst. Worte können Arznei sein, das perfekte Gegenmittel für das, was uns quält. In einer Welt, die allzu oft den Mut verloren hat, soll dieses Buch uns helfen, ihn wiederzufinden. Man kann einen anderen Menschen nur inspirieren, indem man sein Herz öffnet und das mit ihm teilt, was einen selbst inspiriert. Genau das hat die Familie Spezzano getan.